璞石荆蓝——
地方本科高校应用型人才培养教学改革案例集

李卫东　周　昕　孙　华　编著

中国·武汉

内容简介

本书将江汉大学 15 个学科型学院的育人成果汇编成集，内容涵盖产教融合、大学体育工作、基层法制人才培养、新工科建设、新文科教育、劳动教育、大思政构建、双碳人才培养、心理健康教育与人才培养的协同、美育、学生国际视野的培养、地方高校医学人才培养、国家安全教育、教学团队建设等多个方面。旨在展示育人成果，总结育人经验，发挥示范引领作用。

本书可供普通高等学校，尤其是应用型本科高校的教育管理者、教学研究者、一线教师参阅。

图书在版编目(CIP)数据

璞石荆蓝：地方本科高校应用型人才培养教学改革案例集 / 李卫东，周昕，孙华编著. — 武汉：华中科技大学出版社，2025.2. — ISBN 978-7-5772-1633-1

Ⅰ. G649.21

中国国家版本馆 CIP 数据核字第 20252XN455 号

璞石荆蓝——地方本科高校应用型人才培养教学改革案例集　　　　李卫东　周　昕　孙　华　编著
Pushi Jinglan——Difang Benke Gaoxiao Yingyongxing Rencai Peiyang Jiaoxue Gaige Anliji

---

策划编辑：肖丽华
责任编辑：周　天
封面设计：廖亚萍
责任校对：张汇娟
责任监印：周治超

出版发行：华中科技大学出版社（中国·武汉）　　　电话：(027) 81321913
　　　　　武汉市东湖新技术开发区华工科技园　　　邮编：430223

录　　排：华中科技大学出版社美编室
印　　刷：武汉科源印刷设计有限公司
开　　本：787mm×1092mm　1/16
印　　张：11
字　　数：168 千字
版　　次：2025 年 2 月第 1 版第 1 次印刷
定　　价：88.00 元

本书若有印装质量问题，请向出版社营销中心调换
全国免费服务热线：400-6679-118　　竭诚为您服务
版权所有　侵权必究

序 言

新一轮的本科教育教学审核评估工作正在全国范围内推进，在此背景下，为充分总结并展现江汉大学（简称江大）在本科教育教学过程中的亮点与特色，学校积极组织并开展了全校范围的本科教育教学优秀案例征集活动。经过广泛的征集与严格的评选，一批具有代表性、创新性和示范性的优秀案例脱颖而出。这些案例不仅是我校教师教学实践的智慧结晶，更是江汉大学本科教育教学改革与创新成果的集中体现。

为了更好地推广和分享这些宝贵的教学经验，我们决定将这些优秀案例编纂成册并予以出版，本书的出版将成为学校本科教育教学工作的一个重要里程碑。本书不仅是对我校教育教学成果的一次全面梳理和总结，更是对未来教育教学改革与创新的有力推动。

我们相信，这本案例集的出版，将为我校不同学院、不同专业的人才培养改革实践提供一个相互学习、相互借鉴的机会，也将为我校本科教育教学质量的持续提升注入新的动力。同时，我们也期待这本案例集能够为兄弟院校的教育教学工作提供有益的参考和借鉴。

在此，我们要向所有参与案例征集活动的工作人员表示衷心的感谢，是你们的辛勤付出和无私奉献，才使得这本案例集得以顺利出版。同时，我们也希望全校师生能够共同关注和支持学校的本科教育教学工作，携手共创江汉大学本科教育教学的美好未来。

李卫东

2024 年 12 月于武汉三角湖畔

目 录

001　基于五育融合的"课程+平台+文化"体育育人模式的探索与实践

013　"三融合四联动"心理育人模式的江大实践

025　"一体两翼、协同赋能"诊所式卓越基层法治人才培养模式的探索与实践

035　传统文化浸润下的"多维课堂、多彩实践、多样成果"高素质人才培养模式的探索与实践

045　地方需求与国际视野相结合的高素质外语人才培养模式的探索与实践

055　课堂教学、实践育人、学风建设"三位一体"高水平应用型医学人才培养体系的构建与实践

069　面向"新工科"的机械类专业"三交叉、三融合"人才培养体系的创新与实践

081　"新工科"背景下人工智能学院"三位一体"教育教学改革创新与实践

091　设计学类"壬"字形人才培养模式改革与实践

107　地方高校环境工程专业"产教、科教"双融合育人模式的探索与实践

119　城乡规划专业"六位一体"课程体系建设与教学模式改革

133　大思政视域下的国防教育研究与实践

143　劳动教育赋能专业教育，生命科学高质量应用型人才培养模式探索与实践

159　心理健康服务人才培养体系构建与实践

基于五育融合的"课程+平台+文化"体育育人模式的探索与实践

一、案例简介及主要解决的教育教学问题

江汉大学以城市大学为办学特色和发展方向，积极探索"立德与立智相互融合，体育、美育和劳育相互贯通"的人才培养模式，将"以体载德、以体筑智、以体育美、以体促劳"的江大体育工作理念贯穿于人才培养和人格塑造全过程，不断推进体育教育教学改革，探索构建与高水平城市大学的人才培养需求相适应的体育育人模式，为构建"五育融合"人才培养体系，培养身心健康、人格健全的城市建设人才提供了江大经验。

（一）"三位一体"的体育育人模式

学校始终把体育作为实现立德树人根本任务、提升学生综合素质的基础性工程，以提高学生体育核心素养为重点，经过20余年的探索与实践，逐步构建了课程创新、平台搭建、文化引领"三位一体"的体育育人模式，如图1所示。

（1）课程创新：一是适应高水平城市大学的人才培养规格和特色需要，在大学体育必修课中增设时尚体育运动项目；二是打造高质量校级体育公选课；三是挖掘德育、智育、美育、劳育元素，将其融入体育课堂的新路径；四是改革大学体育考核评价机制。

（2）平台搭建：一是搭建大学体育俱乐部平台；二是搭建国家级体育科普平台；三是搭建"校—省—国家—国际"四级体育赛事平台；四是搭建大型体育活动志愿服务平台。

（3）文化引领：一是通过"江大女足"的精神引领，传递"愈挫愈勇、顽强拼搏、超越自我"的"江大女足"精神，培养学生敢于拼搏、顽强不息、爱

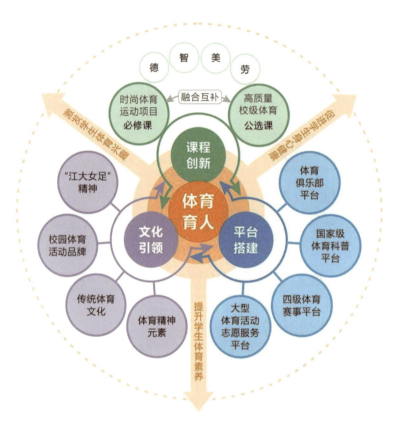

图 1 江汉大学"三位一体"体育育人模式

国荣校的精神品质;二是通过校园体育活动文化积淀,挖掘社会主义核心价值观的体育精神元素,营造自信阳光、乐观向上的校园体育文化氛围,培养学生朝气蓬勃、热爱体育、享受运动、健康身心的体育素养;三是通过志愿者的精神熏染,激励学生在重大体育赛事中担任志愿翻译、志愿引导,引导体育专业学生在志愿担任校内体育赛事裁判和参与全校俱乐部指导工作的过程中,逐步具备奉献、友爱、互助、进步的精神。

(二)主要解决的教育教学问题

针对当前大学生普遍存在的健康状况不佳、体育锻炼欠缺、体育精神缺失等问题,江汉大学作为城市大学,致力于通过加强和改进体育工作,将体育有效融入德、智、美、劳"四育",使体育切实担负起激发兴趣、增强体质、健全人格、锤炼意志的任务,从而落实培养真正能够适应城市生活、服务城市发展的高素质人才。学校经过多年探索与实践,总结了以下四个方面的教育教学问题。

(1) 大学体育未能有效激发学生的体育兴趣。表现为课程设置单一,学生普遍缺乏运动兴趣,仅满足于通过考试、取得学分。

(2) 大学体育未能有效改善学生的体质健康。表现为:学生从入校到毕业,其身体形态、身体素质、身体机能等指标均未得到明显改善,甚至出现下滑趋势。

(3) 大学体育未能有效培养学生的健康习惯。表现为校园体育活动中学生的积极性、参与度不高,终身运动的习惯少有养成。

(4) 大学体育未能有效提高学生的体育素养。表现为大学体育工作大多局限于对学生运动技能的训练,使得体育在育人方面的价值弱化;缺乏对学生吃苦耐劳、自强不息、顽强拼搏、沉着冷静意志品格的磨炼,以及团结协作、公平竞争、遵纪守法等中华体育精神品质的培养。

二、案例解决教育教学问题的方法

学校始终秉持促进学生全面发展的价值理念,将健全学生人格作为实践的核心目标,先后制定并发布了《江汉大学关于加强学生体育工作的意见》和《江汉大学新时代体育工作实施方案》,旨在以大健康观为引领,全面提高学生的知识、技能与综合素养。在此基础上,体育学院实施了一系列创新举措和丰富多样的体育实践,并成功构建了系统性的解决方案。如图2所示。

第一,协同发力,激发学生的体育兴趣。一是增设时尚体育课程项目。目前,江汉大学体育课程中供学生自主选择的项目已有20余种,并陆续引入了棒

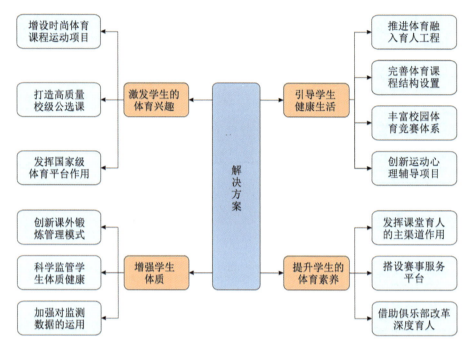

图 2 解决方案示意图

球、高尔夫、桨板、匹克球、橄榄球、攀岩等时尚体育项目,旨在通过丰富且新颖的课程内容,激发学生的内在动力与参与热情。二是打造高质量校级体育公共选修课程体系(简称公选课)。学校充分发掘体育学科资源优势,成立了体育人文素养虚拟教研室,围绕"培养体育兴趣、了解体育文化、享受体育美学"的教学目标,精心打造了一系列特色公选课,如趣味高尔夫、电子竞技运动、运动与健康、体育文化导论、体育欣赏等,近三年来,这些课程吸引了超过 3 万名学生选修。三是发挥国家级体育平台科普教育作用。依托国家体育科普基地——"江汉大学都市时尚体育科普基地",学校组织开展了丰富多样的专业体育科普活动,旨在帮助学生建立科学、正确的体育观念,让学生深刻感受体育的独特魅力,从而进一步激发他们参与体育运动的热情与兴趣。

第二,数字赋能,增强学生体质。一是创新课外体育锻炼"智慧管理"模式。通过完善智慧场馆管理、运动监控、个性化健身指导、即时问题反馈等智慧化功能,实现对学生运动时间、地点、次数及强度的精准管理与合理引导,运用智慧化、精细化的手段有效促进学生体质的增强。二是加强对学生体质健康的科学监测与管理。采用教测分离的体质健康监测模式，定期发布学生体质健康测试白皮书，建立健全学生体质健康年度报告制度和反馈机制，确保体育教育质量的持续改进，实现闭环管理。三是加强对健康监测数据的分析与运用。成立学生体质健康测试与研究中心及智能体育与主动健康研究院，旨在更好地服务学校的体育健康测试工作，促进教育与科研的深度融合，实现学校体育科学研究与学生体质健康提升的双重目标，推动两者协同发展。

第三，运动强心，引导学生健康生活。一是推进体育育人工程。将体育锻炼纳入"一年级工程"等学生培育计划中，将体育锻炼确定为培养学生健康生活方式的关键途径。二是完善体育课程结构设置。坚持将每学期自主完成40次以上、每次至少2千米的跑步锻炼作为体育课程成绩的重要组成部分，并将耐力项目（如1500米跑）设为必修必测内容，以此促进学生养成定期锻炼的良好习惯。三是丰富校园体育竞赛体系。全年不间断地举办各类校级体育赛事，重点打造以"三大球""三小球""田径类""水上项目""自行车"等为特色的校级比赛，同时积极支持在校级比赛中表现优异的学生参与省级大运会、全国大运会、亚运会乃至国际体育赛事，以此促进学生广泛参与体育竞赛，不断提高学生的竞技水平。四是创新运动心理辅导项目。加强体育与心理健康教育工作的协同，形成"体心融合"的育人新模式。通过策划并实施一系列团体心理辅导活动，如"快乐赤脚行走体验""减压放松瑜伽工作坊""心理快乐成长训练营"等，有效促进学生的心理健康，实现学生身心的全面发展。

第四，深度融合，提高学生的体育素养。一是发挥课堂育人的主渠道作用。将课前课后行礼、器材维护、场地清理等作为技术课程教学的常规环节，不断探索并拓展"五育并举"在课堂中的新实践路径。二是搭设赛事服务平台，深化育人实践。以承办世界军人运动会男排项目、全国女超联赛、全国桨板U系列赛等国际、国家级体育赛事为契机，为在校学生创造参与大型赛事服务的机会，鼓励学生在赛事组织与服务中完善人格，践行"奉献、友爱、互助、进步"的志愿精神。三是借助俱乐部改革，深度育人。构建"体育教学＋体育社团"相结合的体育教学俱乐部模式，实施课内外一体化的分层体育俱乐部制教学，融合兴趣与特长、能力与水平，重点打造一批以"女足""自行车"等项目为代表的具有鲜明特色和广泛影响力的课外体育俱乐部。依托这些高水平俱乐部，让学生在训练与备赛中养成坚韧不拔、勇于拼搏、顽强不息的精神品质，在观赛与助威活动中培养学生积极向上的精神风貌，弘扬团结奋进、热爱祖国、以校为荣的情怀，从而不断升华体育教育的育人价值。

三、案例的创新点

一是创新体育育人体系。全面实现体育课程的课内外一体化，构建"课程＋平台＋文化"三位一体的体育育人体系，形成紧密相连、相互支撑、协同促进的"点聚焦、线联结、面辐射"的立体框架。以体育必修课与校级公选课为核心，关注运动负荷，强化体能训练，激发课堂兴趣，奠定学生良好的身体素质基础；课外则以拓展体育俱乐部、科普基地、志愿服务平台等作为延伸，将课内外有效贯通，促进学生个性化发展，逐步提高学生的运动技能和体育素养；通过组织多层次、多样化的体育赛事及大型表彰活动，在校内广泛传播体育文化，以体育精神感染、团结、激励学生，进一步促进其优良品质与健全人格的形成。

二是打造特色体育品牌。深入挖掘体育育人潜力，成功打造院级"一院一品"、校级"体育俱乐部"，以及国家体育科普基地——"江汉大学都市时尚体育科普基地"三大品牌体系。各学院均配备有专业指导教师，拥有桨板、激光射击、射箭、篮球等20个单项赛事品牌。依托体育俱乐部，选拔并培养技战术水平高的成员组成代表队参加各类赛事，并取得了优异的成绩。利用江汉大学都市时尚体育科普基地，普及体育知识、传播时尚体育文化、传授运动技能，营造了浓厚的校园体育氛围，为学生体育素养的提高奠定了坚实基础。

三是构建"五育融合"的体育文化氛围。充分发挥体育在促进"五育融合"教育格局中的基础性作用,深入挖掘体育育人内涵,拓宽体育育人途径,全面提升学生体育素养。体育德育主要是对学生诚信意识、规则意识的培养;体育智育重在体育知识、体育思维的训练;体育美育主要围绕体育审美、体育欣赏展开;体育劳育以器材清理、场馆维护等实践活动培养学生的劳动意识。不断推动体育素养教研化、教材化、课堂化,借助常态化的体育竞赛、丰富的体育志愿活动,实现德、智、体、美、劳实质性融合,如图3所示。

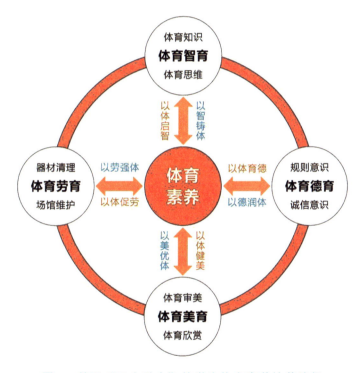

图3 基于"五育融合"的学生体育素养培养路径

四、改革成效及案例的推广应用效果

一是学生身心健康得到全面改善。学校坚持传承与创新的理念,创建了具有江大特色的体育俱乐部,包括全国品牌、金牌俱乐部——自行车俱乐部。

2024年，该俱乐部在中国大学生自行车挑战赛上勇夺7金2银2铜；队员10人次代表中国大学生征战世界大学生自行车锦标赛。同时，水上运动、篮球、足球等多个俱乐部也蓬勃发展。2024年巴黎奥运会上，我校学子季博文斩获金牌1枚；第31届世界大学生夏季运动会上，我校学子勇夺1银3铜；第19届杭州亚运会上，我校学子收获5金1银。在湖北省大学生运动会的众多项目中，我校学子的成绩名列前茅，并在多个项目上持续保持第一。我校学子的国家、国际赛事成绩一直处于全省高校前列，在省属高校中（除专业体育院校外）排名第一。天天有锻炼、周周有活动、月月有赛事的校园体育氛围，吸引着学生"走下网络、走出宿舍、走向操场"，为了满足学生的运动需求，学校的运动场照明时间、小球馆闭馆时间均已延长，良好的锻炼习惯已蔚然成风。在全校师生的共同努力下，一批又一批的学生从"身弱"转变为"身强"、从"心弱"转变为"心强"，学校学生体质健康达标率超过95%，明显高于全国高校平均水平①。学校两年内未发生校内心理危机事故，学生心理问题状况常模明显低于同期其他高校②。

二是江大体育的辐射力与影响力有明显提升。针对城市大学对人才培养的需求，一批以"赛车""高尔夫"为代表的时尚体育项目在校内蓬勃发展，桨板、户外、自行车、体育保健学等省级一流课程百花齐放，高水平办学成果——国家级科普基地应运而生。国家体育总局、省市体育主管部门，以及以广州体育学院为代表的多所高校来我校考察调研；在全国体育科普工作会议上，学校受邀作典型发言，并获得"2023年全国科技周表现突出单位"称号。我校通过国家级体育科普平台育人，在校内营造了浓郁的时尚体育文化氛围，为学生的兴趣培养、体育素养养成奠定了坚实基础。

三是积极向上的体育精神文化氛围已经形成。经过20余年的坚持和努力，我校形成了以"江大女足"精神为引领的江大特色精神文化。以学校女足代表队为基础，组建了职业代表队，从一支"学生军"，到女超联赛新军，再到女超

---

① 基于全国普通高校本科教学状态数据。
② 基于学校年度心理健康监测预警系统数据。

联赛四连冠，我校女足代表队为女足国青队输送了包括王霜在内的 20 多名队员，不断续写着校园体育育人的新传奇。我校的女足培养模式获中央改革办和亚足联充分肯定并获评湖北省第九届教学成果奖一等奖。"愈挫愈勇、顽强拼搏、超越自我"的"江大女足"精神持续带动并鼓舞着全体学生热爱体育、享受体育、敢于拼搏、顽强不息。代代相传的"江大女足"精神，在广大学生内心埋下了自尊自信、健康向上的种子，伴随他们终身成长，持续发芽开花。

（撰稿人：蒋国勤　官蕾　彭付军）

"三融合四联动"心理育人模式的江大实践

一、案例简介及主要解决的教学问题

切实保障学生身心健康、实现全面发展，是高校提升人才培养质量、培育能够担当民族复兴大任的时代新人的根本要求。江汉大学自 2004 年起便成立了心理健康教育工作领导小组，并设立了心理健康教育中心，全面统筹全校心理健康教育的实施工作。二十年来，学校针对大学生心理发展的规律和特点，以推动大学生人格健全发展、全面提高大学生心理素质、培养能够担当民族复兴大任的时代新人为终极目标，秉持"育人为本，突出心育，实现心理健康知识普及、学生能力增强和学生素养提高"的工作理念，逐步构建课堂内外整合、学校内外共建、云端线下协同的"三场域融合"心理健康教育新路径，形成了氛围引领、教学筑基、实践推动、服务助力的"四维联动"心理健康教育新模式，如图 1 所示。实践证明，这一体系在促进学生心理健康教育方面取得了显著成效。

2023 年 11 月，我校创新的"三融合四联动"心理育人模式及取得的显著成效，在湖北省高校学生心理健康教育工作推进会上被作为典型案例进行了分享，并顺利通过了湖北省青少年心理健康教育中心专家的鉴定。专家们一致评价，该成果通过打造心理健康关爱文化品牌，将心理健康教育与"五育"深度融合，不断挖掘和展现各类教育活动中的心理育人特色，创新教育模式，在校园内营造了呵护心灵、关注健康的育人氛围，产生了广泛的社会影响，其改革创新成效显著，具备极高的推广与应用价值。

本案例主要解决了以下四个方面的教学问题。

第一，心理健康教育氛围薄弱，缺乏系统性。以往，心理健康教育集中在大一阶段开展，未能实现从学生入学至毕业的全过程覆盖，也未成功融入"五育"体系，心理健康教育工作与其他教师、教辅人员及学生管理人员的协同育人机制尚未健全，难以形成强大的育人合力。

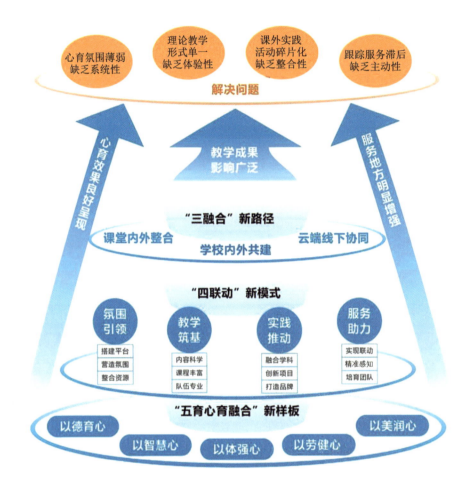

图1 "三融合四联动"心理育人模式主要内容与逻辑关系

第二，理论教学形式单一，缺乏实践性体验。心理健康教育课程在教学内容设计上偏重理论知识传授，存在"讲道理"过多、体验性较弱的问题，师生互动不足，未能充分激发学生的自我调节能力，缺乏对学生心理品质的塑造。

第三，课外实践活动碎片化，缺乏整合性。心理健康教育的课外实践活动看似丰富多彩，但活动组织随意性大，深度不够，缺乏有效的协调和整合，导致心理育人的整体效果难以充分体现。

第四，跟踪服务滞后，缺乏主动性。心理健康教育服务在响应学生心理健康需求时存在滞后现象，常常是问题爆发后，才采取紧急危机干预措施，缺乏对学生心理健康风险的提前研判能力，服务工作的预见性和主动性有待提高。

二、案例解决教学问题的方法

（一）强化"氛围营造"，搭建教育平台，整合育人资源

1. 营造心理健康教育氛围

（1）结合线上线下多种渠道，通过发放心理健康知识折页、传单，张贴海报、横幅等传统方式进行心理健康宣传。

（2）进一步丰富心育微信公众号的内容、提升公众号的传播效果，当前，案例的相关公众号的关注用户已有26000余人。开设了线上"心灵树洞"栏目，随时倾听学生心声。

（3）在各学院网站增设心理健康教育专栏，使心理健康知识和自我调适技能更加贴近学生需求，便捷易行。

2. 搭建心理健康教育平台

学校心理健康教育中心环境幽雅、设备先进，设有团体/个体咨询室、音乐放松室、虚拟现实体验室、情绪疏导室等功能用房共计17间，成为心理健康教育的专业体验和实践基地。中心建立了心理咨询预约、接询、反馈、督导、档案管理制度，工作赢得了良好口碑，学生主动寻求咨询的意识逐年增强，预约人次持续增长。

3. 整合心理健康教育资源

在全校二级学院建立了具有学科特色的心理健康工作站，并配备了心理辅导员，提供日常值班、定期活动、危机排查、联系家长、网站更新等全方位服务，将学生心理问题的发现与解决工作前置化。同时，学校心理健康教育中心对新进教师、宿管员、保卫人员、图书馆馆员等进行了心理健康知识培训，促

使全体教职员工在日常工作中融入心理健康理念，在全校范围内营造了良好的心理健康教育氛围。

（二）坚持"教学筑基"，深化教学改革，强化教学队伍

1. 教学内容紧贴需求，彰显前瞻性

心理健康教育的教材编写以教育部《高等学校学生心理健康教育指导纲要》为框架，融入课程思政元素和积极心理学理念，通过丰富的案例、课堂活动、心理游戏等，引导学生思考生命价值、人生意义，促进学生形成自尊自信、乐观向上、珍视生命的良好心态。

2. 课程设置丰富多元，尊重学生主体性

将心理健康教育纳入人才培养方案，以心理健康公共必修课为基础，结合线上慕课与线下翻转课堂的教学模式，增强学生参与感；同时提供积极心理学、幸福心理学等8门选修课，满足学生个性化需求。

3. 教学队伍"双师双能"，保障专业性

学校心理健康教育中心和教育学院心理学系共创共建，选派38名既具备心理学专业背景又拥有心理咨询师执业能力的"双师型"教师担任教学骨干，促进理论与实践结合。通过集体备课、课程思政学习研讨、共建课程案例库等多种形式，规范教学内容，提高教学实效。

（三）创新"实践推动"，注重品格塑造，拓展心育边界

1. 心理健康与学科特色融合

学校心理健康教育中心与各学院合作开展了多项特色项目，如与体育学院

合作开展了"快乐赤脚行""减压放松瑜伽"团体心理辅导项目，与人文学院、音乐学院合作开展了"诗词与成长""音乐与人生"主题沙龙，与生命科学学院合作开展了"编织快乐人生""心灵插花"团体心理辅导项目等，让学生在参与中体悟，在实践中成长。

2. 心理健康与关键时段融合

针对一年中学生心理异常的四个高发时段，打造"两季两日"四个心理健康文化品牌。通过互动体验、知识竞赛、同辈小讲堂、心理读书会等多种方式，构建贯穿全年的心理健康教育实践体系，让学生浸润在浓厚的心理健康氛围中。

3. 心理健康与表达性艺术治疗融合

学校以心理剧作为心理健康教育特色项目，成立了心理剧团和表达性艺术治疗工作室，将心理剧案例融入课程，通过艺术化表达促进学生深入理解心理健康问题。学校的心理剧作品先后获得了教育部中国校园戏剧节"优秀剧目"奖、第二届全国高校网络宣传思想教育优秀作品推选展示活动优秀奖。

（四）夯实"服务助力"，强化专业助人，促进同辈互助

1. 心理健康教育与咨询、筛查、干预结合，实现教育—实践—服务联动

学校每年开展学生心理健康普测筛查，畅通求助渠道，提供专业高效的心理咨询和危机干预服务。同时，校医院设立了精神科门诊，建立了精神医疗机构就医绿色通道，确保学生能够获得专业、规范的治疗。

2. 建构在线联动数据库，汇总分析数据，精准感知异常

学校以心理健康测评筛查数据为基础，整合学业预警、延迟毕业、家庭贫

困等多源数据，重点关注学生在线联动数据库。通过动态追踪精神科诊断信息、心理咨询师评估等显性数据，以及微信平台"心灵树洞"匿名倾诉信息、心理委员日常观察等隐性数据，确保感知和预警流程专业、畅通，切实做到早发现、早干预、早帮扶。

3. 培育心理健康同辈互助团队，实现心理健康教育零距离关怀

学校在各班级设立心理委员并定期开展理论、技能培训；成立糖果心理社团、NAME心理学社、心理剧团等学生组织，通过编辑心理健康刊物，举办心理知识竞赛、心理剧大赛等方式，让学生分享自身心理成长感悟，展演常见心理困扰及调节方法，在课堂内外全面践行特色心理健康教育理念。

三、案例的创新点

（一）开辟"三融合"心理健康教育新路径

学校的心理健康教育以塑造良好心理品质为核心目标，在教育教学改革的探索中，创造性地采取线上线下相结合的协同教育模式，强化了学校内外资源的共建共享，并整合了课堂内外的教学与实践活动，有效地纠正了心理健康教育长期偏重理论知识传授，而忽视实践、体验、应用能力培养及环境塑造的问题，从而凝聚了心理育人的强大合力，为"育心铸魂"奠定了坚实的思想基础。

（二）实践"四联动"心理健康教育新模式

学校坚持以学生发展为中心，将课程教学、实践活动、咨询服务、预防干预、宣传普及"五位一体"的心理健康教育工作全流程打通，形成了氛围引领、

教学筑基、实践推动、服务助力的"四联动"教育新模式，通过"知识—能力—态度—素养"协调发展的教学策略，帮助学生学会自助、善于求助、乐于助人，使其在面对挑战和困难时更加自信、坚强和乐观。

（三）打造"五育心育融合"心理健康教育新样板

坚持心理健康教育与思政教育同向同行，重视思政课程和课程思政的心育功能，通过任课教师的课堂引导和专业支持为学生注入强心剂，践行以德育心；发挥专业课教师心理育人的协同作用，鼓励教师不断挖掘专业学科知识中蕴含的心理育人资源，使教书与育人相统一，推动以智慧心；充分利用学校的体育教学和运动赛事等相关资源，在体育运动中提高学生的积极心理素质，实现以体强心；开展丰富多样的劳动教育，促进学生在劳动实践中具备积极心态、提升自我认同、改善人际交往，实现以劳健心；以心理剧作为心理健康教育特色项目，通过艺术化的表达方式，为学生提供生动的心理健康教育体验，促进学生对心理健康问题的深入理解和反思，实践以美润心。

四、改革成效及案例的推广应用效果

（一）心育成效显著

江汉大学的心理健康教育为学生构建了积极的心态支撑与心理成长环境，近两年来，校内未发生严重的心理危机事件；近三年来，通过干预成功帮助56名有高自杀风险的学生恢复健康并顺利毕业。2024年春季学生思想状况调查显示，面对心理压力，除向亲友、同学倾诉外，49.32%的学生选择"查询相关知识"，31.59%的学生选择"向学校心理咨询中心求助"，这表明学生的心理健康意识、自主调适能力及求助意识显著提升，学校心理咨询服务预约量也显著增加。学校年度心理健康监测预警系统数据显示,高年级学生的心理健康状况相较于入学时有了显著好转,且明显好于其他高校学生的同期平均水平。对毕业生的跟踪评价结果显示,用人单位对2019—2021届本科毕业生的身心素质、适应能力、合作交流能力等指标的评价均为良好及以上。

(二)教学成果影响广泛

江汉大学的心理健康教育中心开设了十余门心理健康类课程,自编教材《大学生心理健康教育》由高等教育出版社出版,并被四川师范大学、温州大学等多所高校选用;心理教学成果先后荣获湖北省高等学校教学成果奖及湖北省大学生心理健康教育成果奖。其中,"大学生心理健康教育"慕课于2014年入选湖北高校省级精品资源共享课本科课程,2020年入选首批国家级一流本科课程及智慧树平台"十万金课"。截至目前,该课程已累计吸引校内外52万人次选课,影响范围覆盖436所高校。学校心理健康教学团队荣获"省级教学团队"称号,骨干教师荣获"湖北名师""湖北省师德先进个人"等荣誉,本校心理学专业学生在2024年全国第三届大学生心理辅导课教学创新展示会上荣获特等奖。此外,中科院心理所、深圳大学、武汉科技大学等高校及科研院所也相继来我校进行考察交流。

(三)服务地方能力显著提升

心理健康教育中心与武汉市卫健委、湖北省心理学会、武汉市社会心理服务行业协会等专业机构协作,共同策划并成功举办了两届武汉青年心理情景剧展演活动,线上线下参与人数近百万,产生了广泛的社会影响,成为武汉市社会心理服务体系建设中的亮点品牌,得到了国家卫健委和教育主管部门的高度评价,并被人民网、凤凰网等多家主流媒体宣传报道。

心理健康教育中心的教师作为武汉市总工会心理关爱专家组成员、武汉市心理危机救援队成员，积极参与武汉市社会心理服务体系的建设。同时，心理健康教育中心的教师与学生心理社团成员积极投身社会公益服务，在多个社区开展了心理保健、科普行动及心理剧表演等活动，有效提升了公众对心理健康问题的关注和认识。此外，心理健康教育中心的教师还积极开展洪山区小学教师心理健康培育、检察院未成年犯心理辅导等横向课题研究，为区域社会的和谐发展贡献了力量。

（撰稿人：孟然）

"一体两翼、协同赋能"
诊所式卓越基层法治人才培养模式的探索与实践

一、案例简介及主要解决的教学问题

江汉大学法学院立足于服务地方经济社会发展的办学定位，贯彻为党育人、为国育才的中国特色社会主义法学教育方针，坚持立德树人、德法兼修的办学宗旨，围绕基层社会治理法治化对应用型、复合型法律专业人才的迫切需求，深化诊所式法律教学改革，协同实施课堂教学与社会实践深度衔接的开放式教学组织方案，组建了校内专任教师与外聘实务专家相结合的"双师型"教学团队，构建了以民事法律诊所为主体，以基层治理社会工作坊和法律思维方法训练营为两翼的"一体两翼、协同赋能"诊所式卓越基层法治人才培养模式。

本案例通过激发学生学习主体意识、创新以职业应用场景为主线的知识体系、探索多元互动的非标化课程考核方式，贯彻以学生为中心、以产出为导向、以质量持续改进为评价目标的教学理念，旨在重塑教学关系、重构知识体系、创新评价机制，使学生在走进社会、认识社会、了解社会和服务社会的体验中增强社会主义法治信念，巩固法学专业知识，提升法律职业技能，并接受课程思政的浸润。该模式重点解决了以下教学问题。

第一，知识体系同质化严重，与高素质、复合型的基层法治人才需求脱节。

基层法治建设亟须法学专业人才加入，以提升基层社会治理的法治化、专业化和现代化水平。然而，当前法学教育知识体系结构单一，同质化问题突出，地方高校法学院在课程体系设计上未能充分贴合其服务地方法治建设，特别是基层法治建设的需求，导致当前的人才培养模式与法治建设实践所需的前沿性、复合性知识能力之间存在一定程度的脱节，较难满足中国特色社会主义法治人才的培养要求。

第二，学生主体意识激发不足，以问题为导向的实践能力培养目标难以实现。

长期以来，在法学教学中，学生多处于被动接受和消极旁观状态。实践课程的案例分析和庭审观摩教学中学生往往是案外旁观者，难以真正融入学习主体角色；而模拟实践常因过度"表演化"而失去真实性，学生无法置身于真实、复杂的法律问题情境，未能有效锻炼主动思考、积极参与的主体意识和能力，难以具备法律人应当具有的敏锐洞察力和复杂情势应变能力。

第三，协同育人机制运行不畅，以产出为导向、持续改进的质量保障体系难以落实。

受多重因素制约，法院、检察院以及律所等法律实务部门在法学人才培养中的参与度有限，学生在实习、见习中虽然可以接触到真实案件，但只能承担法律文书录入、打印、整理、联系当事人等辅助性工作，而缺乏证据收集和整理、举证和质证、事实认定与法律使用、协商谈判与调解等实践的机会，导致高阶性的核心能力不强。

二、案例解决教学问题的方法

针对以上教学问题，江汉大学法学院以法治职业需求为导向，优化教学设计，推动学科交叉和行业协同，重构知识体系，探索以民事法律诊所为主体，以法律援助社会工作坊和法律思维方法训练营为两翼的"一体两翼、协同赋能"诊所式卓越基层法治人才培养模式。

（一）基于基层法治建设需求调整教学内容

1. 打造面向基层法治需求的开放课堂

鉴于基层社会矛盾的争议标的额普遍较低，社会律师往往缺乏代理积极性，江汉大学法学院创办了法律援助中心，作为社会化创新实践平台，对接群众需求。通过将真实案件引入教学环节，打造开放式课堂，使学生在直接参与法律援助案件的过程中直面法律问题，参与基层社会治理。

2. 重构以职业需求为导向的知识体系

依据法律援助服务的实际应用场景,学院为诊所教学设计了一系列教学环节,包括当事人接待、调解与谈判、基本事实陈述、法律关系梳理、法律检索、诉讼请求确定、调查取证、证据目录制作、庭审质证与辩论、执行实施实务、社会工作干预等,形成了从立案到执行的各环节所需的能力培养体系,确保课程知识体系切合法律职业训练的实际需求。

3. 协同赋能复合型法律人才培养

鉴于基层社会矛盾往往融合了法律与非法律因素,学院积极发挥法学与社会工作学科的交叉优势,在法律诊所实践教学中融入社会工作坊和法律思维方法训练营。一方面,将社会工作理念融入法律援助服务;另一方面,通过社会调查等实践手段强化法律思维训练,提升学生疏导当事人情绪、从源头化解社会矛盾的综合能力。

(二)以学生为中心改进教学组织方法

1. 以任务驱动教学法增强学习主动性

主讲教师发布实训任务后,学生需要在规定时间内开展小组讨论,运用课堂所学知识剖析案例,小组形成意见后可以通过雨课堂等平台进行展示,并由小组代表阐述完成任务的思路。任务驱动教学法以问题为导向,在观察、分析、交流、评价和反思中增强学生的学习主动性,提高学习的针对性和有效性。

2. 以项目式教学法提升学以致用能力

诊所教学课程将法律援助案件转化为教学项目,学生在教师指导下完成了从接待当事人、分析案情、调查取证、确定诉请、起草法律文书,到立案、庭审、执行、法律文书案卷归档等一系列工作。在办理真实案件的过程中,学生综合运用所学知识解决法律纠纷的核心能力显著提升，同时学生以人民为中心的服务意识得到增强，维护公平正义的法律信念得到升华。

3. 以翻转课堂激发学生主体意识

诊所教学课堂以学生汇报法律援助案件的方式导入，以学生小组讨论、陈述意见、相互点评为主，以教师指导、补充总结、复盘分析为辅。法律援助中心由学生自主运营，利用新媒体平台与群众建立联系，并以小组形式开展接待、咨询和援助工作，进一步强化了以学生为中心的教学理念。

（三）以机制创新持续改进体系

1. 团队化运作激发创新意识

教师和学生分别组成教学团队和学习小组。教学团队由四名校内老师和四名外聘实务专家组成。每堂课配备一名主讲教师和一名助教。主讲教师负责主题训练，助教负责指导讨论以及记录反馈教学情况。学生以五人为一组，开展课堂讨论和课外办案工作，这一方法能有效提升团队协作和解决问题的能力。

2. "非标化"多元评价机制构建

本课程成绩评定采取小组成员互评、委托人评价、教师评价、实务部门评价组成的多元评价机制，将专业知识、实操能力、团队协作以及职业道德等多个维度纳入考核范围，形成综合考核成绩，推动成绩评定向思想品德、专业知识、职业技能"三位一体"的立德树人方向转变。

3. 信息化提升能力实训质效

针对证据收集实训环节中学生受执业资格、时空条件限制，导致的参与机会少、试错成本高等问题，法学院教师团队研发了民事诉讼证据收集与运用的虚拟仿真实验项目。学生可在短时间内完成原本需要耗时数月的实践活动，还可以通过可控的实验过程，反复试错直至熟练掌握相关技能。

三、案例的创新点

（一）创办社会化创新实践平台，对接基层法治人才需求

法学院自主创办了法律援助中心、人民调解中心、社会工作服务中心、地方法治研究所等社会化创新实践平台，为诊所式教学模式带来源源不断的实践素材和办学资源，把民事法律诊所打造成面向基层社会需求的开放式课堂，引导学生走进社区、走进法庭、走进调解现场，直接面向社会开展专业化服务，从而更有效地提高基层法治人才的多元化综合素质。

（二）深化法律＋社会工作学科融合，构建多方协同赋能机制

法学院通过推动法学学科与社会工作的交叉整合，强化对法律专业学生发现和化解基层社会矛盾综合能力的训练，纠正了传统法学教育偏重法律专业知识传授而忽视社会矛盾化解能力培养的倾向，有效解决了法学教育与基层法治人才的复合型素质需求不匹配的问题。

（三）打造深度沉浸教学情境，强化职业能力与信仰

在法律援助案件办理的实践中，学生增强了学习的主体意识，提升了服务基层的创新能力。更为重要的是，在提供法律援助志愿服务的过程中，学生树立了坚定的社会主义法治信念和司法为民的职业理念。教师深刻践行了课程思政和立德树人的育人宗旨。

四、改革成效及案例的推广应用效果

（一）学生服务基层法治社会能力素养提升

2016—2024 年，在民事法律诊所教学实践中，学生共自主办理法律援助案件 300 件，代理诉讼与仲裁案件 100 余件，接待并服务当事人 400 余人次。部分案例被最高人民法院纳入典型案例库。"法律援助社会工作坊"荣获武汉市公益项目大赛十佳项目，"普法轻骑兵"项目获团中央表彰。应届生法律职业资格考试历年平均通过率稳定在 50% 左右（见图 1），且毕业生在投身基层法治事业时展现出较强的岗位适应力。

图 1　江汉大学国家统一法律职业资格考试通过率

（二）产出导向教育理念催生了一系列教研教改成果

教学团队成功实施了 30 余项教改项目，发表了 30 余篇教改研究论文，主编了8本教材和专著。"法律援助社会实践"被评为国家级一流课程,"民事证据收集和运用虚拟仿真实验"和"社区志愿服务工作坊"先后被评为湖北省一流课程。"一体两翼、协同赋能:诊所式卓越基层法治人才培养模式探索与实践"教学成果获湖北省教学成果奖一等奖。江汉大学民事法律诊所被中国法学会评为"全国优秀法律诊所",江汉大学法律援助中心被评为武汉市妇女儿童法律维权示范基地。

(三)创新培养模式得到广泛关注和推广应用

江汉大学法学院面向基层需求的"卓越法治人才创新培养模式"及其实践成果被新华社、法治日报、人民政协报、湖北日报、长江日报、武汉晚报、湖北电视台、武汉电视台等多家媒体报道(见图2)。民事法律诊所教学改革成果多次应邀在国内外进行交流分享,并在十多所兄弟高校法学院系以及法律实务机构中推广应用。

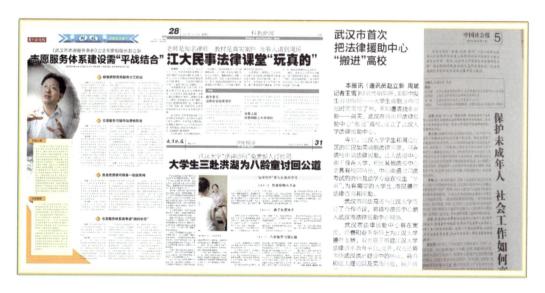

图2 卓越法治人才创新培养模式被多家媒体报道

(撰稿人:简冰尧)

传统文化浸润下的"多维课堂、多彩实践、多样成果"高素质人才培养模式的探索与实践

一、案例简介及主要解决的教学问题

新时代，我国高等教育正处于全面提升人才培养质量、深化综合改革的关键时期。习近平总书记多次强调中华优秀传统文化的历史影响和重要意义，他指出："要加强对中华优秀传统文化的挖掘和阐发，使中华民族最基本的文化基因与当代文化相适应、与现代社会相协调，把跨越时空、超越国界、富有永恒魅力、具有当代价值的文化精神弘扬起来。"教育部高等教育司发布了《新文科建设宣言》，其中着重强调："围绕举旗帜、聚民心、育新人、兴文化、展形象的使命任务，大力推动中华优秀传统文化创造性转化、创新性发展，培育践行社会主义核心价值观，为中华民族伟大复兴注入强大的精神动力。"

江汉大学紧紧围绕高水平城市大学建设目标，将全面提高人才培养质量作为核心任务。作为学校文科学院的一分子，人文学院在弘扬中华优秀传统文化和培养高素质人才方面肩负着重要的使命与责任。

面对新时代地方高校文科专业课程改革的挑战，如何实现以文化人、以美育人，促进高校文科专业课程建设的特色化发展，满足地方经济和文化发展对人才的需求，肩负起生态保护、弘扬地方优秀传统文化的重任，成了一个亟待解决的重要课题。

针对上述问题，人文学院深耕传统文化的沃土，积极探索并走出了一条具有特色的教育教学之路。主要解决的教学问题包括以下几点。一是如何将传承中华优秀传统文化与高校人才培养有机结合，推动教育教学模式的创新发展；二是如何通过多元化的教学手段和实践平台，提升学生的实践能力和创新能力；三是如何将课程思政与专业教育有机融合，落实立德树人根本任务。

二、案例解决教学问题的方法

人文学院紧密结合学校人才培养目标，探索实施"多维课堂、多彩实践、多样成果"的高素质人才培养模式。通过创新教学模式、拓展教学领域、强化产出导向等，将地方非遗资源和优秀传统文化融入课程体系，旨在培养学生扎实的专业素养和综合素质，在高素质人才培养方面探索出一条符合地方高校特点的实践路径。具体方法如下。

（一）创新教学模式，打造多维课堂

为打破传统单一的教学方式，人文学院致力于构建多层次、立体化的教学体系，涵盖理论教学、实践教学、研讨教学和网络教学等多个维度，为学生提供了丰富多样的学习体验。

1. 理论教学

以系统讲授传统文化知识为基础，注重学术性与普及性的有机结合。理论教学作为基础环节，旨在帮助学生通过课堂学习获得扎实而系统的专业知识。在这个过程中，教师注重引入地方非遗资源和优秀传统文化案例，使课程内容更加贴近学生生活，增强课程的吸引力和感染力。

2. 实践教学

通过组织学生参与文化调查、文化保护、文化传承、文化传播、文化创意实践等活动，让学生将理论知识运用到实践中，培养学生解决复杂问题的综合

能力和高级思维。这样的教学方式不仅提升了学生的动手能力，还培养了他们的团队协作能力和解决问题的综合能力，使学生在实践中体验"工匠精神"，激发他们对中华优秀传统文化的热爱。

3. 研讨教学

围绕课程组教师的非遗课题，引导学生深入探讨课题的目标与实施方案等。通过研讨教学，鼓励学生独立思考，培养学生的学术思维能力。通过师生的合作与分工，激发学生的学术兴趣，促进学生科研素养的提高。

4. 网络教学

充分利用现代信息技术，搭建线上课程教学平台，通过自建与引入优秀课程教学案例，实现教学资源的共享与互动。网络教学不仅能够提供具有前沿性和时代性的课程内容，还能通过自主式和探究性学习方式，满足学生个性化的学习需求，推动课程创新。

通过理论教学、实践教学、研讨教学和网络教学等多层次的教学体系，学院为学生提供了更加全面、立体化的学习体验，助力他们在传统文化的学习中不断成长。

（二）拓展教学领域，开展多彩实践

学院重视学生实践，积极调动社会资源，拓展实践教学领域，通过组织开展丰富多样的实践活动，让学生在实践中感知和创新。这些实践活动涵盖了非遗知识比赛、非遗实践考察、非遗图文和视频的制作与传播以及非遗社会实践服务等多个方面，旨在培养具有较高文化素养和较强实践能力的复合型人才。

1. 以行育德，将课程思政融入非遗实践考察

学院结合美术学院"陶艺—马口窑系陶艺传统烧制技艺虚拟仿真实验系

统"和体育学院"主项教学训练理论与实践—划船"等优秀课程资源,与武汉说唱团、王子怡汉绣工作室、龙从发木雕船模工作室、"汉阳造"文化创意产业园等合作建立实践基地,组织学生们采访非遗传承人,走进非遗社区、非遗博物馆,了解非遗项目的起源、发展和现状。学生们通过与传承人交流,学习非遗技艺,如剪纸、皮影、湖北小曲等,感受非遗项目的魅力。非遗实践考察活动不仅丰富了学生的文化生活,提高了其审美情趣,培养了其文化自觉和文化自信,还有助于提高学生的人文素养和社会责任感。通过非遗实践考察,学生们意识到非遗传承和发展面临的困境,激发了他们为非遗保护贡献力量的决心。

2. 守正创新,依托新媒体推广中华优秀传统文化

学院举办"我为非遗代言"视频制作活动,鼓励学生为自己家乡的非遗项目代言发声,并通过新媒体平台进行传播。此活动不仅锻炼了学生传播非遗文化的能力,还提高了大众对非遗文化的认知。

3. 以赛促学,打造非遗知识竞赛品牌活动

在湖北省文化和旅游厅以及湖北省教育厅的指导下,学院成功举办了"2018湖北高校大学生非物质文化遗产传承展示活动",从2013年到2024年,江汉大学湖北省非物质文化遗产研究中心举办了十一届非遗知识竞赛活动,旨在激发学生对传统文化的热爱。这些展示活动和比赛,不仅可以让学生充分展示自己在传统文化领域的学习成果,还能激励他们更深入地学习传统文化。

4. 校地合作,将人才培养与服务社会有机融合

学院从2018年起成功举办了六期中国非物质文化遗产传承人研修培训计划"湖北曲艺传承人培训班",承办了2023年"全国非遗曲艺周《曲艺传承发展计划》成果展"等大型社会活动。其间,学院学生担任志愿服务者,参与了策展、

讲解、会务组织、协调、拍摄、宣传等工作。丰富多彩的实践活动不仅提高了学生的文化素养，还锻炼了他们的实践能力。

非遗展演与比赛等活动，不仅可以让学生充分体验非遗的魅力，展示他们在传统文化领域的收获，还可以培养他们的文化自信与民族自豪感。

（三）落实产出导向，形成多样成果

人文学院始终秉持培养具有全面发展能力的优秀人才的理念，高度重视学生在学术、创意和实践等方面的个性化发展。为了充分挖掘学生的潜力，激发他们的创新精神，人文学院鼓励学生结合自身特长和专业知识，创作各类文化作品。这些作品包括学术研究论文、文化传播作品、社会实践报告等。

1. 学术研究论文：锻炼批判性思维

学院鼓励学生积极参与以非遗和传统文化为研究视角或对象的学术研究，通过撰写课程论文，提升分析问题、解决问题的能力。在课程教师的指导下，学生所撰写的关于湖北大鼓的学术论文荣获湖北省第一届非物质文化遗产保护与传承优秀科研成果奖三等奖。在这个过程中，学生不仅能够巩固所学知识，还能锻炼自己的批判性思维，增强创新意识。

2. 文化传播作品：展现独特审美

学院注重培养学生的审美能力和创意实践能力，鼓励他们创作富有地方特色的文化传播作品。在课程老师指导下，学生拍摄的关于汉绣、汉剧、湖北评书等题材的摄影作品入选湖北省非物质文化遗产摄影作品大展。通过拍摄和制作非遗项目宣传片、非遗传承人微纪录片、非遗访谈录等一系列视频及图片作品，学生们不仅为非遗的传承和发展贡献了自己的力量，还成为新时代文化传播的使者，展现了青年一代的文化担当。

3. 社会实践报告：提升实践能力

学院高度重视学生的社会实践经历，鼓励他们深入社区、基层的表演团队以及非遗行业协会等，以了解民生，并撰写非遗调查报告。这样的实践活动既能帮助学生树立为人民服务的意识，又能使他们的专业知识更贴近实际、更具针对性。课程师生合作完成的关于武汉市非物质文化遗产保护现状及对策的调研报告获2020—2021年度湖北省优秀调研成果和发展研究奖三等奖。此外，在教师的指导下，学院学生完成的恩施州曲艺传承发展现状的调查报告获得湖北省第十一届"挑战杯"全国大学生课外学术科技作品竞赛三等奖。通过参与基层文化建设，学生们可以挖掘和传承地方非遗文化，从而更好地认识和传承中华优秀传统文化，为文化的繁荣发展贡献自己的力量。

在探索"多维课堂、多彩实践、多样成果"的人才培养模式的过程中，人文学院坚持以习近平新时代中国特色社会主义思想为指导，聚焦立德树人根本任务，秉承开门办学的开放理念，有效整合地方非遗资源，构建"学界＋业界"的"双师型"教学队伍，搭建学校小课堂和社会大课堂的双课堂体系，突出实践导向和成果导向，践行"产学研用"一体化教学模式，将思政元素融入专业教育教学中，有效培养了学生的问题意识、实践能力和创新能力，为武汉市文化建设事业和人才培养战略做出积极贡献。

三、案例的创新点

人文学院始终不渝地以习近平新时代中国特色社会主义思想铸魂育人，在教育改革与建设方面取得了显著的成果，其创新之处主要表现在以下几个方面。

首先，以高素质人才培养为目标。学院围绕"两性一度"（即高阶性、创新性、挑战度），创新教育教学模式，培养学生的问题探究能力、实践能力和文化自信。这一举措使得人才培养质量得到了全面提升,为学生未来的发展奠定了坚实基础。

其次,以社会实践为重点。通过实施项目式教学、参与产学研课题等多种方式,学院将社会实践与教育教学相结合,在提高学生综合素质的同时,为地方文化发展贡献力量,提升了学院的社会影响力与美誉度。这些举措也为学生提供了实践锻炼的机会。

最后,以课程思政为抓手。学院不断深化课程思政改革,强化"大思政课"意识。学院依托中华优秀传统文化的深厚底蕴,构建了思政课课程群,并运用社会大课堂这一广阔舞台,构建了"大师资"体系。在坚持问题导向、目标导向和成果导向相统一原则下,学院积极帮助学生成长为德才兼备的人才,为国家和社会发展贡献力量。

综上所述,人文学院在教育改革与建设过程中,不断创新教育教学模式,通过社会实践、课程思政与专业教育的深度融合,为学生提供了全面发展的平台。展望未来,学院将继续深化改革,为我国文化事业的繁荣和社会的全面进步做出更大贡献。

四、改革成效及案例的推广应用效果

人文学院通过实施教育教学改革,使学生在专业素养、综合素质和实践能力等方面得到了全面提升,这不仅是教育改革实践的成果,也是对教育改革成效的最佳验证。人文学院的教育教学改革案例具有很高的推广应用价值。在同类高校中,人文学院的改革举措和经验成果,如同一面鲜明的旗帜,产生了良好的示范效应。学生参与的非遗实践活动得到人民日报、光明日报及"学习强国"等主流媒体的报道,这不仅提升了学院的社会知名度,也进一步凸显了教育教学改革的成果。在课程建设方面,人文学院同样取得了丰硕的成果。一批以"非物质文化遗产"为特色的课程获批为省级一流课程;"中华优秀传统文化与文化传承课程组"获批 2023 年湖北本科高校省级优秀基层教学组织;汉语言文学专业获批国家一流本科专业;历史学和新闻广告专业获批省级一流本科专业。这些荣誉标志着人文学院在课程设置、教学内容设计和教学方法创新等方面已达到较高水平,为培养高素质人才奠定了坚实的基础。

(撰稿人:邓斯博　曾丹)

地方需求与国际视野相结合的高素质外语人才培养模式的探索与实践

一、案例简介及主要解决的教学问题

培养具备深厚家国情怀、拥有国际视野、能够坚守中华文化立场并能服务地方高质量发展的高素质人才，是地方高校践行立德树人根本任务的核心要义。外国语学院紧密围绕武汉市高质量发展的实际需求，将地方发展需求与学院专业优势、学院专业建设与学生就业导向深度融合，在确立人才培养目标、优化课程设置、加强教学资源建设、营造学术氛围等方面，展现出系统性、整体性、前瞻性和协同性的鲜明特征；着眼于培养满足地方需求与具备国际视野的高素质人才，外国语学院积极推进教学综合改革与创新实践，逐步探索并走出了一条既符合学院实际，又能满足地方发展需求的高素质人才培养路径。

近年来，武汉市高度重视国际化水平提升工作，市政府相继发布了《武汉市国际化水平提升计划（2013—2016年）》《武汉市国际化水平提升计划（2018—2020年）》和《武汉市国际化水平提升"十四五"规划》等文件，旨在打造国际交流合作新平台，塑造国际化城市新形象，加强国际产业合作和经贸往来，推动本土文化"走出去"。为此，武汉市亟须大量能服务地方发展、具有国际视野、精通跨文化交际、能胜任国际沟通和协调工作的复合型人才。为响应人才市场需求，外国语学院制定了将地方需求与国际视野相结合的高素质人才培养目标，注重为学生搭建开放性的知识体系，培养学生的跨文化交际能力，使学生能在日新月异的形势下有独立思考和客观判断的能力，并能始终坚守中华文化立场，更好地传播中国声音。

地方需求与国际视野相结合的高素质人才培养模式，旨在解决长期以来外语专业学生面临的全球视野不够宽广、国际交流不够自信、国际事务无法应对等问题。这些问题主要源于课程设置相对传统且老化、教学内容滞后于时代需求、对中西文化差异的认识不足以及对外交流渠道不畅等。针对这些问题，外国语学院对传统人才培养模式进行了系统性革新，通过完善课程体系、创新实践教学模式、营造良好学习氛围以及拓宽交流渠道等措施，从知识、能力、素养三方面，分层次地将国际视野的拓展融入人才培养全过程，培养学生国际视野的具体指标如表1所示。地方需求与国际视野相结合的高素质人才培养模式旨在培养立足国情、面向世界、能运用所学知识服务于城市国际化发展的高素质人才。

表 1　培养学生国际视野的具体指标

指标	主要内容
开放性的知识结构	熟悉世界地理、政治、经济、文化及社会等领域的知识；了解全球发展资讯；具备持续更新知识的能力
国际沟通协调能力	熟练运用外语；具备敏捷的思维和准确的判断力；了解国际交往礼仪、规则和技巧；具有跨文化交流的能力
国外学习生活经历	有国外学习、生活或旅游的经历；有参加国际学术论坛及在国际刊物发表论文的经历
深厚的家国情怀	具备较强的政治素养；热衷于传承中华文化；了解国情、省情和市情；具有服务地方发展的责任感和使命感

二、案例解决教学问题的方法

围绕服务地方发展、拓宽学生国际视野的目标，外国语学院深化教学改革实践，促进教学模式创新，主要采取了以下几个方面的措施。

一是健全课程体系。顺应新文科发展的要求，学院加强学科交叉与融合，积极构建课程群，旨在从理论、知识、视域等多个维度拓展和强化学生的国际视野。例如，通过"西方文明史""美国文化"等课程，让学生了解异域文化，丰富其人文知识；通过"区域文化国别专题""中日企业文化比较"等课程培养学生的多元文化包容力与理解力；通过"当代中国概览""理解当代中国阅读与写作"等课程，增强学生对中国国情与中国历史文化的了解。针对现有课程内容相对集中于英、美、日、法等国家的文化知识的现状，各课程组在教研活动中开展专题讨论，补充其他国家的文化相关知识，以丰富教学内容。

二是创新实训模式。对于低年级学生，学院开设以"必听""必读""必背""必写"等教学实践环节为基础的课程，夯实学生语言基本技能和跨文化沟通技巧。2023 年，学院引进了康奈尔大学 Jodi Cohen 教授的"演讲中的情绪感染——表达与自信"国际化课程，进一步提升了学生的跨文化交流能力。对于高年级学生，学院侧重培养其运用外语传播本土文化的能力。学院以社会和市场需求为导向，以服务地方发展为核心，不断创新实训方法，提升学生运用外语讲好中国故事、武汉故事的能力。实践类课程创新性地采用了"PPCC"教学模式，即项目（project）—实践（practice）—合作（cooperation）—案例（case），通过引入真实项目，结合仿真项目，强化学生的翻译实践能力，提高其翻译职业素养，并在此基础上形成案例库，服务于地方文化传播。学院还组建师生团队，参与"武汉保卫战时期西方涉华外交电报中译"研究项目、《长江周刊》翻译、武汉市公共场所英文标识规范整治、第七届军运会排球场馆标识语及宣传材料译审、《湿地公约》第十四届缔约方大会翻译志愿服务、乌干达龙舟赛英语口译等科研和外事活动，在实践中锻炼学生的语言服务能力。

三是营造良好学习氛围。学院在教学区增设背景墙彩绘，展示不同国家的文化特色；在教学区墙壁增挂我国和世界著名文学家、教育学家的名言警句，体现中西合璧、兼容并蓄的育人理念。学院还建设多语种实验室，使学生能进行沉浸式外语视听说训练。此外，学院引导和组织学生参加了以语言为主题的校园文化活动，如"世界文化知识大赛""电影配音大赛""武汉中法文化之春"等文化体验活动，并每周举办一次"外语角"活动，聘请外教做指导老师，邀请留学生共同参与，营造学校的国际化氛围。学院还搭建了国际交流平台，如"武汉—大分友城大学生线上交流会"，让学生与日本大分县多所大学的同龄人就环境保护、可持续发展、中日友好等主题进行在线交流，提升了学生跨文化交际能力。

四是加强国际交流合作。首先,学院大力引进外籍教师,传授地道的语言和文化知识,拓宽了学生国际视野。学院常年聘用约20名来自美国、英国、法国、加拿大、南非、厄瓜多尔和日本等国家的外籍教师,他们不仅能够传授专业知识,还能够分享自己国家的文化知识。通过与国际教师的互动,学生能更直接地了解其他国家的文化,拓宽国际视野。其次,学院加强国际合作办学,旨在培养国际化人才。学院与英国中央兰开夏大学、澳大利亚西悉尼大学、法国波城大学、法国昂热大学、日本大分大学、日本大分县立艺术文化短期大学等境外高校展开校际交流,签署了一系列学生交流项目协议,建立了学分互认制度,实行"3+1"或"1.5+1+1.5"等多种合作办学形式,让学生能够在国内外分阶段接受高等教育,培养其国际职业胜任力。此外,学院进一步拓展了开放性办学的广度和深度,选派学生参加剑桥大学、哈佛大学等世界知名高校的假期线上线下交流项目,为学生提供多样化的拓展国际视野的机会。再次,学院加强教师国际交流与合作。学院90%以上的教师具有出国留学经历,他们在日常工作中积极参加国际学术会议,努力拓展国际视野。同时,学院鼓励教师与外籍教师开展交流与合作,定期举办教学讨论会;共同参与学术活动和社会服务活动,如英语口语训练创新实践、校级英语写作服务、武汉市外办的翻译等工作,帮助教师具备立体思维、提升培养学生国际视野的能力。

五是强化课程思政建设。学院积极开展课程思政建设,将思政元素融入各专业课程的教学大纲、内容、方法、评价等方面。通过引导学生阅读《人民日报(英文版)》、选择性阅读《中国日报》等外文报刊,提升学生的阅读能力,帮助学生了解和把握中国发展与全球热点事件的关联,培养其国际化的思维和判断能力。学院教师利用自身的留学经验和外事交流的经验,帮助学生树立正确的价值观,增强学生的文化自信。班主任、辅导员坚持"三全育人"的教育理念,引导学生合理制订职业发展规划,将个人成长同地方建设、国家发展紧密结合。为提升课程思政教学能力和水平,学院教师踊跃参加各类课程思政教学比赛,积极申报各类课程思政科研项目,不断探索课程思政的有效路径和模式。近年来，学院多个教师团队在全国外语课程思政省级优秀教学案例征集与交流活动中获奖，并成功立项多项省、市级课程思政类教学科研项目。

三、案例的创新点

本案例的创新点主要体现在四个方面。一是坚持目标导向和需求导向相结合的教育理念，组织学生参与"武汉抗战史料翻译""多媒体字幕翻译质检"等外事活动和企业实践，在实践中提升学生运用语言服务地方的能力。二是采用"PPCC"教学模式，通过引入真实项目，结合孵化的仿真项目，强化学生的翻译实践能力。三是响应新文科发展要求，加强学科交叉与融合，积极构建课程群，从理论、知识、视域等多个维度拓展学生的国际视野。四是将拓展学生的国际视野与丰富多彩的第二课堂活动相结合，让学生在轻松的环境中提升跨文化交际能力。

本案例在教学改革和人才培养质量方面均取得显著成效。一是 OBE（基于学习成果教育模式）教育理念深入人心，教学改革不断深化。教师团队坚定贯彻成果导向、能力导向、目标导向或需求导向的教育理念，不断改进教学方法，提高教学水平。二是人才培养质量和效果显著提升，能够更好地服务于武汉的高质量发展。具体表现在：学生能用外语讲好武汉故事，助力城市外宣；积极参与地方文化对外传播活动，服务地方文化发展。例如，学院师生连续 12 年承担《长江周刊》（华中地区唯一英文报刊）的翻译和审校工作；深度参与武汉市公共场所英文标识语抽检项目。此外，学院学生还积极参与武汉市大型国际交流活动，并提供优质的语言服务。如在第七届世界军人运动会中，学院师生出色地完成了排球场馆标识语及宣传材料译审任务；在《湿地公约》第十四届缔约方大会上，学院学生作为语言类志愿者，展现出的跨文化交流能力和综合素养受到市政府及活动组委会的高度认可。

四、改革成效及案例的推广应用效果

学院在探索地方需求与国际视野相结合的高素质人才培养模式上取得了显著成果，这些成果正逐步得到应用和推广。具体而言，表现在以下四个方面。

一是创立了"PPCC"培养模式。该模式是一种以项目为导向、校内校外实践相结合的语言人才培养模式，已在校内翻译实践课程教学中广泛应用，并被多所兄弟院校借鉴。

二是创建了专注于讲好地方故事的"江小译"公众号。在教学和实践的基础上，学院构建了翻译教学案例库，并以教学翻译案例库为基础，搭建了展现武汉城市话语形象的平台——"江小译"公众号。这一平台不仅为学生提供了学习资源，也为教师搭建了专业交流的桥梁，促进了教研教改，有助于促进语言学习、文化传播和教育合作。

三是取得了"课""赛"融合新成果。在2023年"高教社杯"大学生"用外语讲好中国故事"优秀短视频作品征集活动中，学院学生团队荣获省级一等奖；在2023年"全国跨文化能力考试"（ICT）暨"全国跨文化能力竞赛"（NICC）中，学院两名学生获得全国特等奖；在"第十七届中华全国日语演讲比赛"中，学院一名学生以"寄语《中日和平友好条约》缔结45周年"为主题，表达了新时代大学生对构建人类命运共同体的理解，荣获华中赛区决赛三等奖。

四是实现了教学和科研成果新突破。首先，学院教师积极参加国际学术会议，并在国际核心期刊发表论文。近年来，学院教师多次赴美国、澳大利亚、德国、韩国等地参加国际学术会议并汇报研究成果，累计发表国际核心期刊论文十余篇。其次，学院教师成功申报多项与拓展国际视野有关的教科研项目，如教育部产学合作协同育人项目2022年第二批立项项目"国际话语传播背景下高校笔译实践基地建设与人才培养改革"，以及多个省级教研项目，如"基于地方新闻平行语料库的互动式翻译教学模式研究——以《长江周刊(英文)》语料为例""以传播中国声音为导向的大学生英语习得模式"和"新文科背景下地方高校语言服务人才培养模式及实现路径研究"。最后,我院教师在全国各类教学大赛中获得多项省部级、国家级奖项,其中包括全国总决赛一等奖多项(见图1、图2、图3),这些成果充分展示了学院教师在拓展学生国际视野方面的卓越能力。

图1 外国语学院教师团队获"2023年外语课程思政优秀教学案例征集与交流活动"全国优秀教学案例一等奖

图2 舒玲娥教学团队获"2022年高等学校外语微课优秀作品征集与交流活动"全国优秀作品一等奖

图 3　陈子威老师获"2023 年外语微课优秀作品征集与交流活动"全国优秀作品一等奖

（撰稿人：刘皓云　杨惠芳）

课堂教学、实践育人、学风建设"三位一体"高水平应用型医学人才培养体系的构建与实践

课堂教学、实践育人、学风建设"三位一体"高水平应用型医学人才培养体系的构建与实践

一、案例简介及主要解决的教学问题

课堂教学、实践育人、学风建设"三位一体"高水平应用型医学人才培养体系的构建与实践,作为本科教育教学示范案例,是近年来江汉大学医学人才培养综合改革实践中取得的成果。作为一所地方综合性大学,江汉大学的医学教育始终秉持"面向基层,服务地方"的宗旨,致力于培养高素质的应用型医学人才,采用"大医学+特色专业方向"模式,在注重教授医学学科理论知识的同时,依托专业特色,强化实践教学,并结合学风建设,着重培养医学生的专业技能和服务地方的实践应用能力。江汉大学医学部在临床医学、口腔医学、护理学、针灸推拿学、药学、医学影像技术学等专业领域,秉持"立足武汉、面向湖北、辐射全国"的定位,不断加强教育教学改革,提升课堂教学质量;创新教育环节,强化实践育人;加强学风建设,实现全员、全过程、全方位的育人格局。这一系列举措构建了适应"新医科"需求的应用型医学人才培养体系,促进了教学、科研、医疗与人才培养的深度融合。江汉大学医学教育不仅取得了丰硕成果,其培养的医学生也获得了社会广泛认可,产生了良好的社会效益。

党的十九大提出"实施健康中国战略",旨在全面提高人民健康水平、推动人民健康事业的持续发展。然而,掌握扎实医学专业知识、具有较强实践能力和服务基层意识的应用型医疗人才仍显不足。因此,对于地方综合性大学而言,如何培养高素质的应用型医学人才成了医学教育领域的一项重大课题。江汉大学自2014年开始实施"大临床(临床医学专业)+特色专业方向(全科/儿科医学方向)"的应用型人才培养模式,取得了显著成效,该模式于2023年荣获湖北省高等学校教学成果奖三等奖。近年来,该人才培养模式逐步拓展至临床医学、口腔医学、护理学、针灸推拿学、药学、医学影像技术学等多个专业领

域,确保人才培养目标与学校的办学定位相契合。学校正逐步健全质量保障运行体系,强化教育教学改革和课程建设,加速"学、研、创"融通型实践人才培养,尤其重视将学风建设融入人才培养的各环节。此举不仅适应了社会经济发展的需求,提升了学生的实践能力,还与国家关于医教协同创新、加快应用型医学人才培养的战略精神高度一致。

本教学改革案例有效解决了以下三方面的教学问题:第一,课堂教学与应用型专业建设的契合度不高;第二,实践教学在支撑应用型人才培养方面存在不足;第三,学风建设与树立服务地方意识的协同机制不健全。

二、案例解决教学问题的方法

1. 开展教育教学改革,提升课堂教学与应用型专业建设的契合度

(1) 结合"新医科"要求,优化应用型医学课程体系。

医学部遵循以"器官—系统—疾病"为核心的教学理念,推进基础医学与临床医学课程的整合,旨在强化基础学科之间的内在联系以及推动基础与临床医学知识的深度融合,如表1所示。为提高学生的医学人文素养、帮助学生树立医德医风,学部开设了"医学沟通学""医学伦理学""医学心理学"等一系列人文课程。此外,学部还致力于推动医学与多学科的交叉融合,开设了"生物材料""3D打印技术"等"新医科"领域的课程。

表1 医学部"器官—系统—疾病"整合课程

序号	生物医学整合课程	学时数	序号	生物医学整合课程	学时数
1	生物化学与分子生物学	88	4	临床医学概论	32
2	生物化学与分子生物学实验	48	5	呼吸系统疾病	40
3	基础医学概论	112	6	循环系统疾病	48

续表

序号	生物医学整合课程	学时数	序号	生物医学整合课程	学时数
7	骨骼、肌肉、皮肤、头颈和神经系统基础	96	17	消化系统疾病	64
8	呼吸系统基础	24	18	泌尿系统疾病	32
9	心血管系统基础	56	19	风湿免疫系统疾病	32
10	消化系统基础	32	20	血液系统疾病	32
11	泌尿生殖系统基础	40	21	内分泌系统疾病	32
12	血液、内分泌、免疫系统基础	48	22	女性生殖系统疾病	48
13	感染病学基础	112	23	神经精神系统疾病	56
14	系统形态学实验Ⅰ＋Ⅱ＋Ⅲ	48＋32＋16	24	运动系统疾病	32
15	系统机能学实验Ⅰ＋Ⅱ	32＋48	25	传染性疾病	32
16	病原生物学与免疫学实验	48			

（2）推广信息化教学手段，构建应用型数字医学课堂。

医学部积极推进教学资源建设，尤其是数字化、信息化资源的开发与整合，通过打造精品课程、建立试题库、实施智慧化实验教学管理等一系列举措，构建了一流的本科在线教学平台。截至目前，学部已建设了52门在线课程，其中11门入选全国优课联盟，如表2所示。同时，医学部建有湖北省医学实验教学示范中心，并推出了2项省级虚拟仿真实验教学项目。信息化管理实验室系统涵盖了护理综合训练实验室、虚拟仿真形态学实验室以及临床技能实验室。这些资源的有效利用，极大地提高了学生的自主学习能力和教师的教学改革创新能力，确保教学质量的稳步提升与持续优化。

表2　医学部在线开放课程建设（11门入选全国优课联盟课程）

序号	在线课程名称	立项时间	负责人	平台
1	人体奥秘之运动	2017	叶雁杰	首批湖北省高校精品在线开放课程全国优课联盟课程

续表

序号	在线课程名称	立项时间	负责人	平台
2	人体寄生虫学	2018	冯金梅	湖北省精品在线课程全国优课联盟课程
3	人体免疫奥妙	2019	邱文洪	武汉市第二批市属高校在线共享课程全国优课联盟课程
4	系统解剖学混合式金课教学	2019	刘宇炜	湖北高校课程共享联盟全国优课联盟课程
5	营养、免疫与健康	2020	龚业莉	全国优课联盟课程
6	医学免疫学	2020	邱文洪	全国优课联盟课程
7	内科学-呼吸系统	2021	刘敏、李承红	全国优课联盟课程
8	内科学-循环系统	2021	刘敏、张苏川	全国优课联盟课程
9	系统解剖学	2021	刘宇炜	全国优课联盟课程
10	社会医学	2023	刘燕群	全国优课联盟课程
11	中药学	2023	刘小亚	全国优课联盟课程

（3）依托一流课程建设，提升医学教学质量。

医学部广泛深入地动员、培训骨干教师，整合课程资源，加大经费投入，使得一流课程建设取得显著成效。目前，学部有国家级一流本科课程3门，省级一流本科课程11门，如表3所示。依托一流课程建设，学部深入实践PBL（问题导向学习）、TBL（团队导向学习）、CBL（案例导向学习）、混合式教学以及翻转课堂等教学方法，同时重视过程性评价、形成性评价及考核方式的创新，旨在全方位提升医学教学的质量与效果。

表3 医学部一流课程建设

序号	课程名称	类别	立项时间
1	医学免疫学	国家级一流本科课程	2020年11月
2	系统解剖学	国家级一流本科课程	2023年4月
3	生理学	国家级一流本科课程	2023年4月
4	家兔空气栓塞虚拟仿真实验	省级一流本科课程	2019年5月

续表

序号	课程名称	类别	立项时间
5	灭活 EV71 抗原制备与免疫接种虚拟仿真实验	省级一流本科课程	2021 年 3 月
6	老年医学	省级一流本科课程	2021 年 3 月
7	营养、免疫与健康	省级一流本科课程	2021 年 7 月
8	系统解剖学	省级一流本科课程	2021 年 7 月
9	生理学	省级一流本科课程	2021 年 7 月
10	药物分析	省级一流本科课程	2022 年 12 月
11	病理学	省级一流本科课程	2023 年 12 月
12	生物化学与分子生物学	省级一流本科课程	2023 年 12 月
13	呼吸系统疾病	省级一流本科课程	2023 年 12 月
14	护理学基础Ⅰ	省级一流本科课程	2023 年 12 月

2. 创新教育环节，强化实践教学对应用型人才培养的支撑

（1）完善"早实践、多实践、反复实践"的实践教学体系。

医学部重视实践教学对应用型人才培养的支撑，确保各专业实践教学学分占比不低于35%。通过将实践教学与课堂教学和课外活动结合，综合性、设计性和自主性实验的比例得到了提高，集第二课堂、科研创新实践、创新创业训练于一体的创新实践教学体系得以构建。学部开展"三早教育"，即早期接触实践、早期参与科研、早期融入社会，并依托医学学科社团开展社会实践活动，确保每位学生都能参与医学社会实践服务。学部以各项实践技能赛事培训为契机，逐步探索并形成了"以赛促学，以赛促教，融入人文"的新型实践技能教学模式。近年来，学部组织学生参加了国家级和省级的各类大学生技能和知识竞赛，学生们在华佗杯全国高等院校针灸推拿临床技能大赛、全国大学生生命科学竞赛等各类竞赛中屡获佳绩，获得国家级银奖、团体三等奖，以及省级二等奖、三等奖等荣誉的学生共计200人次。

（2）产教融合，培养高水平应用型医学人才。

医学部全力打造医学实践基地。在现有的 29 个教学基地和实习基地的基础上，学部依托 8 个国家级医师规范化培训基地、8 个国家级和省级示范社区（全科医学）卫生服务中心，以及 1 个"中美医师规范化培训基地"等多层次的实践教学基地的优势，实现了医学人才培养基地的同质化管理和差异化发展，从而提高了医学生的培养质量。此外，医学部通过"教育部产学合作协同育人项目"和产学研合作课程，进一步拓展了产教融合育人的深度与广度。如表 4 所示。

表 4　医学部"教育部产学合作协同育人项目"汇总

序号	项目负责人	名称	项目类别	立项时间
1	陈晓青	智能背景下的技能实践能力评估体系的探索与实践	教育部产学合作协同育人项目	2021 年
2	邱文洪	"新基建"背景下地方高校医学教育融合创新发展路径探索与实践	教育部产学合作协同育人项目	2022 年
3	柳威	新医科背景下病理学课程建设探索与研究	教育部产学合作协同育人项目	2022 年
4	商锦婷	校企深度合作共建"双创"教育平台	教育部产学合作协同育人项目	2022 年
5	邱立新	医学微生物学试题库的建设与应用	教育部产学合作协同育人项目	2022 年
6	袁发浒	基于云平台的医学生物化学试题库的构建及教学实践研究	教育部产学合作协同育人项目	2022 年
7	刘钰晨	基于新医科理念的生物化学与分子生物学教学内容与课程体系改革	教育部产学合作协同育人项目	2022 年
8	褚飞飞	"新医科"背景下医学人才校企协同培养与实践研究	教育部产学合作协同育人项目	2023 年

（3）科教融合，培育具有一定创新能力的应用型医学人才。

依托教师获得的国家自然科学基金项目、省部级科研及人才项目，以及

Cell 杂志封面论文等标志性科研成果，医学部鼓励本科生"早进实验室"，投身"大学生科研创新项目"。为了创新科教融合模式，医学部创办了本科生的"炳灵学院医学班"，旨在培养具有一定创新能力的应用型医学人才。近三年来，学部学生以第一作者身份在公开发行的期刊上发表论文超过 30 篇，其中包括 8 篇被北京大学核心期刊目录收录的高质量论文、5 篇被 SCI（科技引文索引）收录的学术论文。此外，学部学生还获得了 2 项国家发明专利的授权。

3. 全员、全过程、全方位育人，加强学风建设与服务地方意识的协同

（1）强化思政教育，以学生誓言领学风。

医学部积极引导学生强化医学生职业使命感。一是开展内容丰富的主题教育活动，如图 1 和图 2 所示。江汉大学第二附属医院的"武汉白求恩纪念馆"是医学思政教育基地，"学习白求恩精神"也是新生职业素养教育的必修课。二是制作了一批有感召力的红色原创艺术文化精品。医学部自主创作并拍摄了《红船精神》《改革开放精神》等短视频作品。三是以立志教育一年级工程为依托，医学部组织教师与学生共读具有区域特色的红色经典著作。四是医学部教师积极推动思政工作与医学教育深度融合，充分挖掘医学课程、实验实训、社会实践等各个环节中的思政元素，发挥育人功能。

图 1　医学部主题活动（1）

图 2　医学部主题活动（2）

（2）注重文化氛围，以主题活动育学风。

医学部坚持"以文化人、以文育人"的理念，从多个方面推进文化教育与学生成长的融合。一是在中国传统节日，学部结合医学生的专业特长开展活动。例如，在中秋节和重阳节，开展健康监测、针灸推拿等公益服务。二是学部与湖北电视台合作拍摄反映医学生学风建设成果的纪实节目《大学之道》，其收看人次居全省高校首位。三是学部成立"杏林针灸推拿社"，举办中医主题读书会、辩论会、志愿服务等活动，弘扬中医文化。

（3）坚持环境浸润，用楷模力量强学风。

为营造崇尚医德的教育环境，学部加大宣传力度，树立地方行业的楷模，充分发挥榜样教育的力量，引导学生广泛学习"中国医师奖"获得者张应天、彭开勤、李春荣等的崇高医德和精湛医术，以及"先进个人"刘建华、喻莉等展现出的医者仁心和大爱无疆的精神。同时，学部充分挖掘并大力宣传身边的优秀校友典型事例，如"巾帼英雄"夏思思、"中国好医生"黄莹、"中国大学生自强之星"孙甘霖、"贵州好人"邵颖以及吴婷婷等校友的事迹，强化学生们服务地方、回馈社会的责任感和使命感。部分优秀校友如图 3 所示。

图 3　医学部优秀校友

(从左至右依次：夏思思、黄莹、孙甘霖)

三、案例的创新点

1. 强化应用型特色，构建符合"新医科"要求的医学课程体系

锚定学以致用目标，重构应用型医学课程体系。基于"服务地方，强化特色"的理念，医学部以提升学生的职业素养与临床实践能力为重点，以预防、保健、诊断、治疗、康复及健康管理为特色，优化课程结构。同时发挥综合性大学多学科及优质实践基地资源优势，设置跨学科课程，完善学生的知识结构。医学部以实践为导向，促进"学、研、创"相结合。通过科教融合、产教合作及校企联合等途径，将实践教学成果延伸至实习实训、科学研究及学科竞赛等多个环节。在此基础上，医学部着力构建适应实践需求的应用型医学课程体系，培养地方"用得上、留得住、用得好"的高素质人才。

2. 打造创新型协同，实现学风建设与服务地方意识培养的深度融通

在融合地方实践，建设特色学风素养资源库的过程中，医学部结合武汉市及湖北省的发展特色、历史文化底蕴及经济社会发展热点，深入挖掘并系统梳

理了中国特色社会主义卫生健康事业在本地区实践的典型案例，这些案例被用作全面呈现区域实践特色和优势的学风建设素材。同时，学部坚持"三全育人"的理念，完善"以思政领学风、以文化育学风、以环境强学风"的建设体系，注重引导学生在服务地方的实践中具备对人民的感情和对社会的责任，使之成为具有奉献精神和服务意识，且具备良好的医学素养与社会责任感的复合型人才。

四、改革成效及案例的推广应用效果

1. 立德树人，"江大医学生现象"社会赞誉度高

医学部将"立德树人"定为教育的根本任务，高度重视医学生的医德医风建设，不断完善专业技能培养体系建设，并将优秀校友的榜样事迹融入思政课体系之中，以此鼓励学生积极参与社会实践和志愿服务活动，推动医学教育与思政教育"双向贯通"。在此过程中，涌现出一批杰出代表，如以"巾帼英雄"夏思思烈士、"中国好医生"黄莹等为代表的基层全科医师先进典型。在校学生践行"救死扶伤"的使命，积极投身社会实践，如邵颖、吴婷婷、彭婉婷等学生在火车上挺身而出救人于危难；赵思哲同学不辞辛劳，拖着行李箱辗转 30 千米只为送还失物。这些青年学子们用实际行动深刻诠释了"健康所系、性命相托"的医学生誓言，充分彰显了医学生心系人民生命健康的专业素养和责任担当。这些鲜活的事例和榜样的力量在全社会产生了较大影响，不仅得到了主流媒体的宣传报道，更在社会上引起强烈反响，被誉为"江大医学生现象"。

2. 立足基层，服务地方能力显著增强

医学部构建了符合实践需求的应用型医学课程体系，旨在培养专业知识扎实、思想素质过硬，兼具实践能力和创新能力的医学生。目前，学部各专业学

生的大学英语四级通过率在95%以上，大学英语六级通过率在85%以上；历届临床医学专业的学生在实践技能操作中的通过率远超全国平均水平；首届口腔医学本科毕业生参加国家执业医师资格考试的通过率高于全国平均水平。学部联合武汉市卫生健康委员会，实施全科医学本科订单生培养项目，目前已有131名毕业生顺利履约，均在武汉市各社区卫生服务中心工作。学风建设与培养服务地方意识相协同，让学生"下得去、留得住、干得好、上得来"。据统计，用人单位对我校医学毕业生的满意度达95.3%，且90.7%的用人单位认为，我校医学毕业生服务地方的意识强烈、综合素养高、临床能力强。

3. 改革成效显著，收获丰富医学教育成果

截至目前，医学部已获批3门国家级一流本科课程和11门省级一流本科课程。同时，医学部在高校精品在线开放课程及首批湖北省虚拟仿真实验教学项目等领域实现率先突破。临床医学专业不仅获批湖北省一流本科专业建设点，还获批市教育局"双一流"建设重点发展专业。同时，医学部持续参与湖北省"荆楚卓越医生"协同育人计划。在此过程中，医学部培养了1名湖北名师、2名湖北省青年教学能手，并建成1个湖北省名师工作室、1个省级教学团队及3个省级优秀基层教学组织。医学部不断健全和完善青年教师培训体系，包括岗前培训、助教规范化培训、骨干教师国内外研修等，助力医学部的教师在全国及省高校青年教师教学竞赛中获得5项三等奖。关于全科医生培养的典型案例，更是获得了湖北省教学成果奖三等奖。

江汉大学医学教育扎根地方、面向卫生健康事业，始终坚持立足地方，与江汉大学高水平城市大学建设目标同行同向。医学部构建的课堂教学、实践育人、学风建设"三位一体"的高水平应用型医学人才培养体系，取得了显著的社会效益，产生了广泛的办学影响力，为地方应用型医学教育的高质量发展提供了可复制、可借鉴的示范案例，发挥了示范引领作用，具有很好的推广应用价值。

（撰稿人：刘钰晨　刘晋）

面向"新工科"的机械类专业"三交叉、三融合"人才培养体系的创新与实践

一、案例简介及主要解决的教育教学问题

随着新一轮科技革命和产业变革的蓬勃兴起，新兴产业对高校的人才培养工作提出了更高的要求。当前，中国已经成为全球第二大经济体，正由制造大国向制造强国迈进。江汉大学智能制造学院依托湖北省教育厅本科高校"专业综合改革"试点项目（鄂教高〔2013〕10号）、国家级新工科研究与实践项目以及相关的省教研项目，针对地方高校的机械类专业在培养复合型技术人才方面所面临的挑战，围绕卓越人才培养目标，对课程体系、校企协作、教学方式、教学内容、学生实践与创新以及学生能力考核等方面进行了探索与实践，构建并实施了"三交叉、三融合"的人才培养体系（见图1），取得了较好的成效。

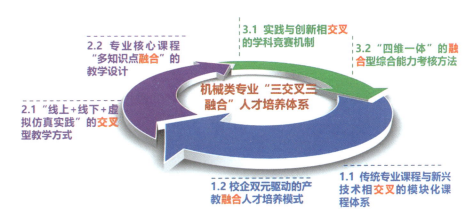

图1 "三交叉、三融合"人才培养体系

本案例主要解决了以下教育教学问题。

（一）地方高校机械类专业课程知识与新兴技术脱节，无法适应企业岗位需求

随着全球产业的改造升级以及新兴技术的发展，企业对掌握了新兴技术的高素质复合型人才的需求与日俱增。而当下许多地方高校的机械类专业仍沿用

传统课程体系和培养模式，难以实现培养具有多学科交叉知识结构和跨界知识整合能力技术人才的目标，毕业生能力较难满足企业的岗位需求。

（二）课程知识点在课程体系中被孤立、虚化、弱化，以及知识点之间的融合度不够

传统教学过程往往以本课程知识点讲授为主，缺少与相关课程知识点紧密联系的教学设计，课程壁垒依然存在，影响了教学效果；同时，理论与实践教学结合得不够紧密，专业课程知识点在课程体系中存在被孤立、虚化和弱化现象，导致学生的综合素质得不到有效提高。

（三）学生课堂实践与创新活动结合得不紧密，以及课程考核方法单一

大学生具有良好的创新激情和创新潜能。然而，由于考核内容、考核方法的限制，学生的创新能力难以体现。当前，各类学科竞赛蓬勃开展，为大学生提供了广阔的创新活动空间。如何将学生课堂实践与创新活动紧密结合仍是需要研究和探讨的问题。此外，在对学生能力进行考核的过程中，存在考核方法单一的问题，使得考核结果无法全面反映学生的综合能力。

二、案例解决教育教学问题的方法

（一）构建机械类传统专业课程与新兴技术交叉的模块化课程体系，践行校企双元驱动的产教融合人才培养模式

在专业课程设置上，学院将机械制图、机械原理、机械设计等机械类传统专业课程与人工智能、大数据、智能制造等新兴技术相结合，设置了机器人技术、机器视觉、智能工厂集成技术等新专业课程。根据课程内容的相关

性，学院整合了专业课程群，构建了图像识别、物联网、智能控制、智能装备等模块，形成机械类传统专业课程与新兴技术相结合的模块化课程体系，如图 2 所示。

图 2　机械类传统专业课程与新兴技术相结合的模块化课程体系

发挥"中国车谷"的区域优势，围绕企业对人才技能的需求，学院聘请了企业技术骨干作为学生的企业导师，采用校企共上一堂课的方式，指导教学和学生的实践活动。根据岗位对人才技能的具体要求，学院协同企业开展了人才培养方案和课程大纲的修订工作，践行了校企双元驱动的产教融合人才培养模式，如图 3 所示。

（二）推行"线上＋线下＋虚拟仿真实践"的交叉型教学方式，开展专业核心课程"多知识点融合"的教学设计

围绕"以学为中心，以教为主导"的指导思想，学院组织团队自主开发了在线课程和虚拟仿真实践平台，推行"线上＋线下＋虚拟仿真实践"的交叉型教学方式，旨在激发学生的学习兴趣，推动课堂革命，如图 4 所示。线上课程

主要讲解基本知识点，侧重知识点的课前引入和课后巩固；线下课堂以案例分析为主，采用翻转课堂的形式，侧重培养学生的自主学习能力；虚拟仿真实践使课程知识点与实践紧密结合，旨在巩固教学效果。

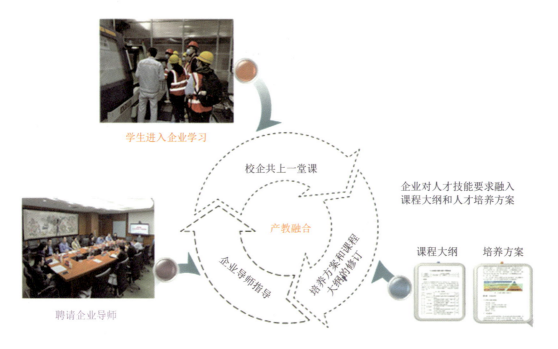

图 3 校企双元驱动的产教融合人才培养模式

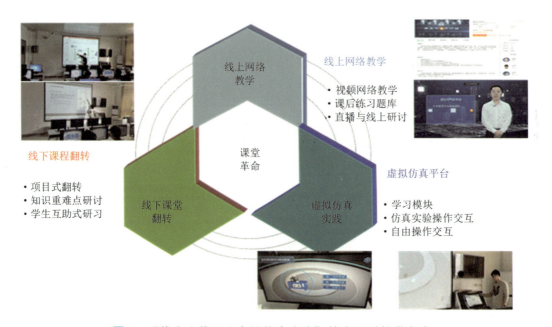

图 4 "线上＋线下＋虚拟仿真实践"的交叉型教学方式

基于成果导向（OBE）的工程教育理念，学院聚焦机械类专业核心课程，推动多门课程相关知识点的融合。根据课程知识点之间的内在联系，学院实施了基于知识整合的教学策略，实现了"基本内容＋学科发展前沿＋四新（新技术、新工艺、新材料、新装备）"的融合创新。同时，学院在教学中融入"大国重器背后的'千斤顶'"等思政元素，深化课程思政实践。这些举措打破了课程之间的壁垒，实现了不同核心课程相关知识点的融会贯通，为传统机械类专业课程体系的优化升级奠定了基础，如图5所示。

图5　以成果导向驱动多门课程相关知识点的融合示例

（三）建立实践与创新相交叉的学科竞赛机制，实施"四维一体"的融合型综合能力考核方法

依托教育部认可的学科竞赛平台，学院教师根据竞赛主题，设置课后作业、课程设计或工程训练题目。学生作为主体，在教师指导下，自主完成产品的创

新设计、材料选择、工艺设计、实物制作、安装调试、成本分析等环节。学生通过课业考核后，教师如果认定该课程或作业成绩合格，学生即可获得创新学分。学院在考核中引入了竞赛机制，教师可以推荐创新性好的项目参加校赛或更高层次的学科竞赛，如图6所示。

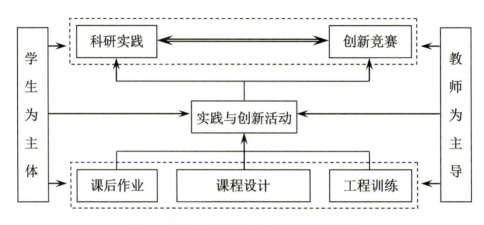

图 6　实践与创新相交叉的学科竞赛机制

结合校企双元驱动的产教融合人才培养模式，学院将在线练习、课后作业、调查报告、课程论文和实践操作等环节纳入考核体系，实施课程成绩、实践成绩、学校导师评价、企业导师评价"四维一体"的融合型综合能力考核方法，开展课内、课外、理论、实践等环节的全方位考核，强化校企协同"三全育人"的作用，如图7所示。

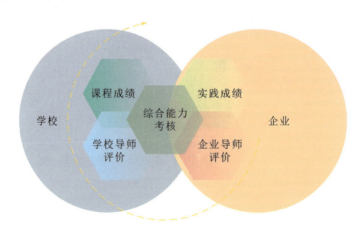

图 7　"四维一体"的融合型综合能力考核方法

三、案例的创新点

（一）培养体系的创新

针对新一轮科技革命背景下新兴产业对机械类专业人才技能的需求，智能制造学院建立了地方高校机械类专业"三交叉、三融合"的人才培养体系，强化了课程之间、知识点之间，以及课内与课外、学校与企业之间的联系，促进了传统专业课程与新兴技术的结合，形成了校企双元驱动的产教融合人才培养特色，探索并走出一条地方高校机械类专业育人模式创新的可行路径。

（二）教学方式的创新

智能制造学院创建了"线上＋线下＋虚拟仿真实践"的交叉型教学方式，形成了多知识点融合的教学模式。基于模块化课程体系，通过"基本内容＋学科发展前沿＋四新（新技术、新工艺、新材料、新装备）"的融合创新，学院形成了专业和课程体系的新架构，实现了"线上＋线下＋虚拟仿真实践"教学的有机结合。这种教学方式基于成果导向，驱动专业课程相关知识点的融合，根据课程知识点之间的内在联系，形成了前后衔接的"多知识点融合"教学模式，打破了课程之间的壁垒，强化了课程体系的多元性、系统性、实践性，增强了学生解决复杂工程问题的能力。同时，学院在教学知识点中融入了思政元素，将立德树人贯穿于传授专业知识的全过程。

（三）考核方法的创新

智能制造学院创建了课程成绩、实践成绩、学校导师评价、企业导师评价

"四维一体"的融合型综合能力考核方法。通过校企共上一门课、校企教师共同开展教学活动等方法，践行"学校+企业"双元驱动的人才培养模式。在考核过程中，学院将在线练习、课后作业、调查报告、课程论文和实践操作等环节纳入考核体系，由课程成绩、实践成绩、学校导师评价、企业导师评价共同构成学生的考核成绩，推动校企协同"三全育人"。在考核内容设计上，学院充分利用学科竞赛平台，将课后作业、课程设计、工程训练等环节与学科竞赛主题相结合，实现了以训促学、以学促练的良性循环，提升了学生的实践与创新能力。

四、改革成效及案例的推广应用效果

（一）推动了机械类专业的改造升级

我校获批成立了两个机械类新工科专业，即智能制造工程专业与新能源汽车工程专业。同时，智能制造学院主持完成了两项国家级新工科研究与实践项目，分别是"'中国制造2025'战略背景下机制专业改造升级途径探索与实践"（见图8）和"基于'人工智能+材料成型'人才培养的专业改造升级探索与实

图8　国家级新工科研究与实践项目结题验收证书

践"。此外,学院的材料成型及控制工程专业入选国家级一流专业建设点,机械设计制造及其自动化专业入选湖北省一流专业建设点。

(二)促进了"应用性、创新性、国际性"本科人才的培养

智能制造学院建立了"产教融合创新基地""产业协同创新中心""智能制造实践教学平台"和"新能源与智能汽车应用研究工程中心",均面向全校师生开放,年度实验人时数稳定在 28000 左右。校企双元驱动的人才培养模式得到德国斯图加特大学的认可和支持,并被湖北日报等媒体报道。多届毕业生在完成学业之际,同时取得了本校和德国合作大学颁发的毕业证书,如图 9 所示。近五年来,智能制造学院毕业生的就业率、工作满意度和平均薪资均稳步提升。

图 9 学院学生取得的德国斯图加特大学毕业证书

(三)推进了机械类专业一流课程建设

近五年来,智能制造学院共获批 2 项国家级教研项目,新建 24 门专业课程,开发了"液压与气压传动""互换性原理与测量技术""理论力学"等 14 门在线精品课程。其中,1 门课程获评国家级一流本科课程(见图 10),1 门课程获评省级一流本科课程,3 门课程获评校级在线精品课程。此外,还有 3 门课

程在全国地方高校优质 MOOC 课程资源共享平台"优课联盟"上面向全国师生开放。学院还建立了虚拟仿真实验室，开发了自主知识产权的虚拟仿真教学平台。这一教学平台及其创新的教学方式在武汉科技大学、三峡大学、武汉商学院等多所兄弟院校机械类专业中得到应用。同时，学院的教学团队被评为湖北省优秀基层教学组织。

图 10　国家级一流本科课程

（四）提升了学生的实践能力和创新能力

学院教师通过将课程作业、课程设计、工程训练活动与各类学科创新竞赛相结合，使学生能够在实践中创新、在创新中实践。这一教学模式使学生的能力得到全面提升，其综合素质得到用人单位肯定。学院学生积极参加各类大学生学科竞赛，多次获得国家级及省级大奖。近五年来，学生学科竞赛获省级以上奖项达 240 项，其中国家级奖项达 160 项。同时，学院学生获得授权专利 164 项，其中发明专利 33 项。此外，学生还公开发表了学术论文 72 篇。这些成绩使我校机械类专业在省内同类专业竞赛中的获奖率和获奖等次均位居前列。

（撰稿人：易建钢）

"新工科"背景下人工智能学院"三位一体"教育教学改革创新与实践

一、案例简介及主要解决的教育教学问题

2020年7月，江汉大学紧密围绕"双一流"建设方案及学校建设的远景目标，深入研究并分析了湖北省十大重点产业以及武汉市三大战略性新兴产业发展对工科人才培养的需求，基于学校工科专业办学优势和特色，通过整合原数学与计算机科学学院、物理与信息工程学院以及学校相关学术资源，组建成立了人工智能学院。在本科专业设置上，人工智能学院紧跟国家战略和学校高水平城市大学建设目标，聚焦跨学科融合和创新能力培养，优化传统专业发展方向，设置了人工智能、数据科学与大数据技术、计算机科学与技术、电子信息工程、数学与应用数学5个本科专业。

江汉大学人工智能学院按照"新工科"建设要求，结合学校作为高质量城市大学的发展定位及学院各专业的特点，推进重塑人才培养方案、推进公共课程教学改革、深化专业课程建设内涵"三位一体"的人才培养体系建设，从而有效促进和提升了人工智能学院的人才培养质量。

本案例主要解决的教育教学问题如下。

第一，人才培养方案与市场需求脱节。人工智能学院紧密围绕湖北省和武汉市的重点产业发展需求，以及"双一流"建设目标，重新调整人才培养方案，确保所培养的人才符合社会和行业的实际需求。

第二，培养目标不明确且缺乏前瞻性。人工智能学院确立了"注重前瞻性""落实四新理念""对标工程认证"的基本原则，明确了"立足武汉、面向湖北、辐射全国"的人才培养目标，以应对快速变化的社会经济和科技发展形势。

第三，课程体系与教学内容滞后。人工智能学院通过整合和优化课程资源，深化专业课程建设内涵，开展课程目标达成情况分析，持续改进教学内容和教学方法，确保课程体系的时效性和前沿性。

第四，学生的应用能力和创新能力不足。人工智能学院将理论基础教学和实践教学结合起来，注重培养学生的应用能力和创新能力，通过"互联网＋"的科教融合教学方式，推进多种教学模式的应用，提升学生的综合素质和竞争力。

第五，公共课程的教学质量与效果欠佳。人工智能学院通过更新教学资源、引入新技术（如 AI 课程、知识图谱）、改革教学方法（如混合式教学、个性化教学）等手段，提升"公共数学"和"大学计算机基础"课程的教学质量和效果，培育学生的科学思维能力和信息技术应用能力。

第六，学生缺乏实践能力与创新意识。人工智能学院通过增加实践机会（如数学建模竞赛、数学竞赛、产学共建课程等），让学生在实践中加深对科学原理和方法的理解，培养其实践能力和创新意识，为未来的学术研究和职业发展打下坚实基础。

二、案例解决教育教学问题的方法

（一）以思政引领铸魂育人，持续加强和改进党建和思想政治工作

人工智能学院坚持以习近平新时代中国特色社会主义思想为指导，坚持党的全面领导，全面贯彻党的教育方针，把立德树人的成效作为检验学院人才培养质量的根本标准。学院高度重视课程思政建设，将课程思政落实到 2022 级人才培养方案之中，并纳入教师队伍建设考核，不断提升教师课程思政的能力和水平。在专业课程的理论教学和实践教学环节，学院课程团队探索了思政育人的不同途径和不同方式；在"公共数学"和"大学计算机基础"等公共基础课程的教学中，学院课程团队将基础知识与思想政治教育相结合，以落实立德树人的根本任务。学院有 15 门课程被评为校级课程思政示范课程。学院每年举办教学创新比赛，并且把课程思政的建设情况纳入评分标准。学院的计算中心党支部作为党支部规范化建设优秀案例，获"感动江大"集体奖提名，并被评为

江汉大学"五星级"党组织。学院结合专业特色,创新党员思政教育模式。在人工智能与大数据实验中心 VR 实验室,学院挂牌成立了党史学习教育"云端"学习阵地,创新开展"人工智能+智慧党建"的课程思政建设。这一创新性的探索和实践被"学习强国"平台报道。同时,学院的 VR 智慧党建平台被武汉市指定为大中小学"大思政课"实践教学基地。

(二)完善教学质量保障体系建设,立足"新工科"改革,推进学科专业一体化建设

以工程教育认证为抓手,人工智能学院建立了基于 OBE 理念的质量保障体系和工程教育认证的专业管理平台,开展毕业论文、实践教学、开学和期中教学质量专项检查,对教学质量、课程质量、毕业要求达成度展开评价,并结合对用人单位和毕业生的调查,共同评价培养目标合理性,持续改进和提升人才培养质量。学院注重学科交叉融合,围绕学科的发展,加强专业建设,继续优化专业结构,加大学院各专业相互融合,实现传统优势专业和新兴专业强强联合、优势互补。学院大力支持江汉大学省级重点学科群"智能爆破与城市环保"的建设,深度参与医学部申报湖北省中医学重点学科建设项目;与医学部紧密合作,联合组建智慧医疗科研团队,共同研发孕期家庭监测设备,共同制定 AR/VR 护理、智慧养老解决方案,共同推进智能机器人/机械臂在临床实践中的应用;与江汉大学系统生物学研究院对接,合作开展种子鉴定智能信息化网络平台建设。学院稳步推进"电子信息工程""计算机科学与技术"两个省级一流本科专业建设,持续加大工程认证工作的力度。2023 年 5 月,我校获批教育部计算机类专业系统能力培养试点高校。

(三)拓展校企合作深度、广度,促进教育链、人才链与产业链、创新链的有效衔接

人工智能学院重视与企业合作,先后与上海紫灏信息技术有限公司、科大

讯飞股份有限公司、中国电子信息产业集团有限公司等企业建立产教融合示范基地与实习实训基地；与大唐融合通信股份有限公司签订校企战略合作协议，建立"江汉大学人才培养基地"，构建"5G+"工业互联网人工智能创新应用实训平台；与大唐互联科技（武汉）有限公司深化科研合作，获批湖北省科技厅2022年度重点研发计划项目；与武汉市德发电子信息有限责任公司共建"江汉大学人才培养基地"，获该公司定向捐资20万元人民币，用于设立大学生创新创业奖学金；与北京创新乐知网络技术有限公司开展校企合作洽谈，筹建"开源与智能应用技术创新实验室"，着力培养AI新时代能够掌握开源技术的软件开发人才；与东软教育科技集团有限公司合作开办计算机科学与技术专业（实验班），已招收本科生184人。近三年，学院共获批教育部产学合作协同育人项目11项。

（四）深化创新创业双轮驱动，牢牢把握服务国家和地方经济社会发展战略导向

人工智能学院成立了由院领导任组长的创新创业工作领导小组，成员包括各系室主任、班主任及辅导员，确保将创新创业教育融入各专业的人才培养方案，并贯穿人才培养全过程。学院不仅拥有湖北省高等学校大学生电工电子课外创新活动基地，还依托虚拟现实与智能交互技术创新基地以及大学生创新创业实践基地，为学生搭建了集知识学习、生产实践、科研比赛和创新创业于一体的"双创"教育平台。学院依托计算机专业校友企业（如紫龙游戏上海紫灏研发中心），与江汉大学美术学院、设计学院紧密合作，共同开展游戏产业的产学研用项目的研发；联合组建大学生游戏研发技术创新团队，开展创新创业活动。学院立足武汉经济技术开发区汽车行业"人工智能+"的产业需求，服务区域特色产业，为东风（武汉）工程咨询有限公司、大唐互联科技（武汉）有限公司、法雷奥照明湖北技术中心有限公司等企业输送大量优秀毕业生，为武汉经济技术开发区的产业发展提供人才支撑。此外，学院的电子信息工程专业和计算机科学与技术专业均被纳入"湖北省普通高等学校战略转型产业人才培

养计划项目"。2022年，学院的在校生荣获创新创业类比赛国家级奖项3项、省级奖项17项、市级奖项2项及校级奖项21项，更有2名学生成功注册成立公司并取得营业执照，这些成果充分彰显了学院创新创业教育的显著成效。

三、案例的创新点

（一）创新人才培养教育理念

重塑人才培养方案、推进公共课程教学改革、深化专业课程建设内涵"三位一体"的教育理念，一方面重视新工科建设中人才培养的顶层设计，另一方面重视教育教学中处于核心地位的课程建设。该教学理念以学生为中心，通过公共课程和专业课程的教育教学改革，巩固学生的基础知识和专业知识，培养学生的综合素养和实践能力，持续改进、全面提升人才培养质量。同时，学院公共课程的教学改革也为学校其他专业学生的学习和发展奠定了良好的基础。

（二）持续推进教育教学改革

学院在教育教学改革方式上注重党建引领和思政育人，在学科和专业建设中注重交叉融合并初显成效。创新创业教育平台的建设，有效促进了学生解决复杂工程问题的能力和创新能力的培养及提升。此外，学院积极探索与企业联合办学的人才培养模式，旨在培养更符合社会需求的高素质工程技术人才。

（三）深化校企合作双向赋能

学院与大唐融合通信股份有限公司/大唐互联科技（武汉）有限公司展开校

企深度合作，学院目前有车谷产业教授 1 名，来自大唐互联科技（武汉）有限公司的湖北产业教授 1 名。依托湖北省产业教授与车谷产业教授团队，学院组建了工业互联网集成技术湖北省工程研究中心专家顾问团。学院与企业的合作已形成"产-学-研-用"的模式。

四、改革成效及案例的推广应用效果

（一）课程思政、课程建设、校企合作、学科竞赛和社会实践引发社会广泛关注

近三年以来，人工智能学院获批项目式教改课程 10 门、校级一流本科课程 3 门、省级一流本科课程 2 门，建设和完善国家级一流本科课程 1 门，引用国家级一流本科课程进行混合式教学改革试点课程 8 门，开设产学共建课程 5 门，获批市级教研项目 3 项（其中重点项目 2 项）、省级教研项目 1 项，教师自编教材 10 本。学院有 1 个教学改革案例入选湖北省"楚课联盟"优秀教学改革案例，2 个案例入选省级数字校园应用场景优秀案例。学院共获校级教学成果奖一等奖 1 项、省级教学成果奖二等奖和三等奖各 1 项，拥有省级优秀教学基础组织 1 个、校级优秀基层教学组织 1 个，获批湖北省一流专业建设点 2 个。学院与东软教育科技集团有限公司共建计算机科学与技术专业实验班，并于 2022 年正式招生；与英国格林多大学洽谈电子信息工程专业的合作办学，并共同讨论制定人才培养方案。2023 年，学校获批教育部计算机类专业系统能力培养试点高校。2024 年，学校成为湖北省高校虚拟仿真课程建设工作组成员单位。

2021 年，"学习强国"平台以"江汉大学课程思政新体验：'VR、AI＋党建'"为题，介绍了我院结合专业特色的课程思政探索。2020 年，湖北电视台《楚天经纬》栏目对我院首批国家级一流本科课程"大学计算机基础"课程组进行了专题报道，介绍了我院积极探索人工智能技术与未来教育的深度融合技术，

实现教学数字化，构建混合教学大数据中心，用人工智能模型对学生进行个性化分析，实现针对学生个性化学习目标的教学成果。2022年，长江网以"搭平台建桥梁 车谷联合江汉大学培养'数字'人才"为题介绍了我校和我院与企业合作推动产学研深度融合的教学案例。2020年，湖北电视台教育频道报道了我院在学科竞赛中取得的成绩。中国教育在线和《湖北日报》分别以"2023睿抗机器人开发者大赛（武汉）全国总决赛在江汉大学圆满落幕"和"2023睿抗机器人开发者大赛（湖北）全国总决赛落幕"为题，介绍了我校承办该比赛的情况和我院在此次比赛中获得的佳绩。2023年，中共中央宣传部"每日一校"、"学习强国"武汉学习平台以"VR赋能社会实践 科技助力乡村振兴"为题，报道我院学子结合学院学科专业优势，开展"红色筑梦"暑期社会实践活动，助力数字乡村建设的事迹。

（二）学院人才培养质量提升明显

近四年，人工智能学院的学生主持国家级、省级创新创业科研训练项目近50项；在校生公开发表各类学术期刊论文74篇，被SCI、CCF高水平国际会议收录20余篇；在"互联网+"、世界机器人大赛、博创杯等学科竞赛中获国家级、省级奖近600项，多次取得省级一等奖以上的好成绩；毕业生平均就业率达85.7%，深受企业欢迎。

（三）优秀学子发挥榜样力量，社会服务彰显成效

2020年，湖北省教育厅网站以"阅兵青年树榜样，使命在肩守江城"为题，《中国青年报》以"我的城 我来守"为题，分别报道了我院学子沈文璇和郑悦颜做抗疫志愿者勇于担当的事迹。2023年，极目新闻以"大一就进实验室，武汉这名本科生的科研成果有望用于自动驾驶"为题，介绍了我院学子吴显峰在学生科研方面取得的佳绩。2022年"学习强国"武汉学习平台以"小学

生走进大学校园了解人工智能科普知识"和"实验室里来了群小学生——江汉大学办实事为小学生开展人工智能科普教育"为题，2023年人民网以"点亮科技强国梦 小学生与院士面对面交流"为题，"学习强国"武汉学习平台以"江汉大学无人机科教小队：大手与小手约定 让小飞机托起大梦想"和"江汉大学与社区共育共建 助力人工智能科普教育"为题，报道了我院结合学科发展向青少年介绍人工智能方面的新技术的事迹。

（四）专业建设的特色和优势在服务地方中取得成效

学院根据学校高质量城市大学的发展定位，锚定"立足武汉、面向湖北、辐射全国"的人才培养目标，形成了具有江汉大学人工智能学院特色的"三位一体"人才培养体系，取得了一定的社会效益，产生了一定的办学影响，为工科学院实现高质量发展打造了可借鉴的示范案例，具有较大的推广应用价值。

（撰稿人：万优艳、王琦、李登实）

设计学类"壬"字形人才培养模式改革与实践

一、案例简介及主要解决的教学问题

培养具有国际性、应用性、创新性的新型设计人才是社会对设计学院提出的新要求，也是"新文科"建设面临的新挑战。江汉大学设计学院在"新文科"建设不断推进的时代背景下，通过对产教融合新路径的探索，借鉴国内外高校设计学科的最新理念与教育模式，探索艺科协同、校企协同、国际协同等机制，形成了"多学科、多领域、跨文化"的设计教育核心，构建了"壬"字形的人才培养教学框架，以匹配新的知识体系和方法系统，为学生成长打造一个良好的知识、能力与素养培养生态系统。

党的二十大报告提出，以中国式现代化全面推进中华民族伟大复兴，全面建成社会主义现代化强国。这对当下的教育、科研以及人才培养都提出了更高要求。目前，我国在学科构建、科研体系、自主创新、产学研合作等方面还存在一些问题，这些问题限制了科技革新的动力和活力，也妨碍了创新驱动发展战略的全面实施。[①]设计创新不仅可以推动设计理念、方法和实现方式的持续改进，也可以引发人们对一些领域设计能力不足问题的思考。随着科技和社会发展的不断推进，设计学领域出现了越来越多的新问题，但设计教育仍沿用传统教学模式，这一现状亟待解决。学科的融合，使得设计学的边界变得模糊，不但需要我们突破既定学科的知识框架，还需根据实践对其进行不断改进。本案例在设计学的教学模式方面进行了实质性的探索，并取得较好的实际成效。

2011年，设计学院开启了大类培养，强调设计专业的通识教育理念，实现了博雅教育与基础教育的合理对接，从而有效促进了学生的全面发展。2013年7月起，设计学被评为武汉市重点学科，学院开始了对新时代学科交叉复合型

---

① 史秋衡、黄洁琼：《面向中国式现代化的高等教育发展议题省思》，《江苏高教》2023年第6期。

人才培养方案的探索。学院的"武汉城市文化形象设计研究"获评江汉大学"十三五"校级优势特色学科群培育建设项目，该项目注重人才专项培养，通过开展产教融合、项目驱动的策略，积极探索复合型人才培养新模式。本案例立足国际性、应用性、创新性"三性人才"培养定位，经过十余年实践，至今已形成具有系统性、整体性、前瞻性与协同性的设计学类"壬"字形人才培养模式，取得了一定的改革与实践探索成果。

"设计学类'壬'字形人才培养模式改革与实践探索"示范案例，是设计学院本科教育教学综合改革与实践成果。多年来，设计学院聚焦国家区域战略需要及学校人才培养定位，积极探索设计类专业教育改革创新的新途径，为复合应用型设计创新人才培养提供了"江大方案"。本案例主要解决了以下三个教学问题。

（一）设计类专业人才培养模式未能适应区域经济社会发展需求

（1）设计类专业教育内容与市场需求不匹配，缺乏实践能力培养和企业合作，导致学生难以适应工作岗位和区域经济社会发展需求。

（2）设计类专业建设忽视区域特色，未能精准对接区域经济社会发展需求，影响设计人才的培养质量。

（二）设计类专业人才培养过程未能与地方企业资源实现协同共建

（1）设计类专业教育中的校企合作机制不健全，导致企业参与度不高，学生难以获得与行业需求相符的实践经验和技能，从而影响了人才培养与市场需求的对接。

（2）学校与企业之间的资源整合和信息交流不足，限制了双方在人才培养、技术创新和市场动态等方面的有效合作，阻碍了人才培养与产业的协同发展。

（三）设计类专业人才培养评价体系未完全契合本校应用型人才培养目标

（1）设计类专业人才培养评价体系未能体现国际性、应用性、创新性，表现为评价标准传统化、应用创新能力和国际视野评估不足、评价方法单一、行业参与度低。

（2）评价体系未能充分融入国际设计教育标准，导致学生的国际竞争力不足，需要重新审视和优化评价体系。

二、案例解决教学问题的方法

2011年，设计学院以实施学分制教育改革为契机，针对新时代复合应用型设计人才需求，重构教学体系，以应对新时代变局、产业变革、危机与挑战，培养学生的思维逻辑、想象力、社会敏感度、责任感和洞察能力为改革目标。学院致力于探索艺科交叉、加强校企协同、优化国际合作办学等实践，直面问题，不断推动全院人才培养范式的转型。学院秉持设计为人民服务的办学理念，形成了地方综合类院校设计学类"壬"字形人才培养模式改革与实践探索新模式。在"新文科"建设不断推进的背景下，该模式具有一定示范引领作用和推广价值。

具体而言，教学改革通过产教融合重构了课程知识模块，结合艺科协同、校企协同、国际协同的"三维协同"创新路线，厘清了"如何面向立德树人新要求，如何面向区域产业新变化，如何面向人才培养新理念，如何建立质量评价新标准"四个关键问题，形成了"壬"字形融通式的复合应用型创新人才培养模式，解决了以上三个设计类专业复合应用型人才培养问题。

（一）面向立德树人新要求，着力完善全员育人体系，服务中华民族的伟大复兴使命

1. 践行立德树人，融入思政教育

设计类专业践行立德树人新要求重点关注四个维度：传统、现代、艺术、科技。传统润心：将传统文化有机融入课程思政，提升中国古典美学境界，增强学生对国家文化的认同感。同时通过开设"中国传统装饰艺术""中外工艺美术史"等课程，提高学生对中华文化之美的理解水平，将国家文化的自信植根于心。现代创新：通过课内外的实践环节以及各种比赛，培养大学生的问题意识与面向真实问题的创新精神，既要尊重传统，又要敢于面对现实挑战，培养学生的现代创新思考能力。艺术开拓：通过大量的选修课和综合能力拓展课程来开阔学生的艺术视野。在设计教育中，通过设计理论探索和实践，逐步锻炼和培养学生的艺术修养及艺术的感受力、想象力、判断力、理解力、创造力等，使其具备高尚的艺术情趣。科技助力：科技为设计提供了新的技术手段，使新设计能够发挥更大的作用。在设计教育中，通过项目的训练以及在课程实践环节让学生了解新科技在设计实践中的应用，提高学生的技术素养。

2. 重构教学框架，整合课程体系

根据"新文科"建设的要求，学院建构了"壬"字形人才培养框架。通过"大类"培养的方式，夯实了大一学生的专业通识基础能力；大二、大三学生可以通过"知识能力拓展课程"和第二课堂进一步丰富知识，提升素养能力；高年级学生还可以通过多元专业融合课程，提升通用能力。这三种"能力"可以用三条横线表示，另外还有一条贯穿这三种"能力"的竖线，就是我们一直坚持的设计知识能力的培养，这三横一竖的人才培养框架结构形成了汉字"壬"。"壬"字形人才培养框架结构有深度，也有宽度。宽阔的视野、融合的能力，让学生在自己熟悉的专业范畴之外，勇于改变，善于思考，守正创新，这是新时

代所需要的设计人才。"壬"最早见于甲骨文,被假借作天干的第九位,用作顺序第九的代称。九引申为"多"。设计学院"壬"字形人才培养框架也有多元化的复合型应用人才培养之意。

"新文科"建设的背景下,设计教育强调"多学科、多领域、跨文化"。学院采用的"壬"字形教学框架整合课程,涉及"设计+产业""设计+文化"等多个方面,旨在调整传统设计教育的课程体系,构建符合复合型人才培养需求的新体系,使学生具备当今社会所需要的素质。课程整合需结合设计行业的发展趋势和学生兴趣,以提升学生的学习积极性、促进学生的个性发展,并加强学科教育与社会的联系。设计学院人才培养方案确保每学期有一门融合多门课程的 6~8 学分的课程,旨在提高学生的整体观念并引导学生找到不同领域知识之间的联系。此举改变了传统课程只重视单一技能和设计结果的现状,关注学生的兴趣和需求,并联系现代社会、经济、环境等的发展,培养学生用设计服务社会的能力。

3. 开展第二课堂,实现全员育人

设计学院集全院之力,充分利用课外活动、社会实践等多种形式,实现全员参与、全面育人的目标,着力培养具有创新精神和实践能力的创新型、应用型、复合型人才。首先,创建学生工作室、实验班、研究室,校企共建创新创业协同中心等实践平台,使学生可以更好地将理论知识与实践相结合,培养其创新精神和实践能力,为学生未来的成长和发展奠定坚实基础。其次,开展学术周毕业展、现艺之星等品牌活动,丰富学生成长的实践环境,营造积极向上、充满创意的校园氛围。这种育人模式突破了课堂的局限,让学生在更广阔的天地中锻炼能力、增长见识,促进个人素质的全面提升。

(二)面向区域产业新变化,深化产教融合协同育人,服务地方社会经济高质量发展

在日新月异的社会环境中,我们需要融合企业最新的科技和文化前沿项目,

在人才培养中注重学生实践能力的提升，使学生能够从认识论的角度来重新审视建构层面的设计传承。

1. 产教融合协同育人

学院实行项目制教学，邀请企业专家参与教学活动（如担任客座教授、指导毕业设计、开设专题讲座等），让学生能够接触到前沿的产业经验和知识。确立以项目驱动为核心的教学方式，通过真实的具有挑战性的项目激发学生学习兴趣，提升其实践能力，确保教学内容与市场需求紧密相连。深化产教融合，与行业领先企业合作，并制定人才培养方案，让企业专家参与教学，为学生提供真实的职业环境。强化师资队伍，注重教师实践经验和行业认知能力的提升，加强"双师型"教师培养，引进企业专家担任兼职教师。优化教学管理与评价机制，保障项目驱动、产教融合教学模式有效实施。近年来，学院学生获得的实习就业机会大幅度增加，学生创新创业比例大幅提高。学院与企业共建校外实践基地50余个，为学生提供了实习实训机会，提升了学生的实际工作能力和职业素养。学院与企业合作开展产学研项目，让学生能够参与实际的设计研发工作，促进了科研成果的转化和应用。

加强创新创业教育，鼓励学生结合区域产业特点开展创新设计和创业实践，支持学生创新创业项目的落地。2022年，学院与5.5家居科技产业园共同成立了协同创新中心，共有10项优质创业项目入驻协同创新中心，创业团队累计创营业额50万元。

2. 服务地方社会经济

学院将区域文化融入设计教育，培养学生的本土文化意识和创新能力，从而更好地服务地方特色文化产业的发展。学院组织学生参与社会服务项目，如设计扶贫、美丽乡村建设等，让学生在实践中服务地方经济社会发展。

设计学院积极与企业、行业合作，共同制定教学目标和课程体系，将产业需求、市场动态、技术发展趋势等融入教学内容，实现教学与实际需求的紧密对接。聘请具有丰富实践经验的设计师、工程师、市场营销专家等承担课程教学或开展学术讲座，为学生提供实践指导，增强学生的实践能力和职业素养。通过校企合作项目，让企业专家与学院教师共同指导学生，实现教学与实践的深度融合，提高学生的综合素质和创新能力。

设计学院建立了以学生为主体的产教融合教学评价体系，注重过程性评价和结果性评价的结合，引入企业、行业等外部评价主体，对教学质量进行全面、客观、科学的评价。同时，根据评价结果及时调整教学策略和方法，不断优化教学过程。

通过以上措施，设计学院构建了产教融合的教学框架，实现了教学与实际需求的紧密对接，提高了学生的综合素质和创新能力，为培养高素质设计人才提供有力保障。

（三）面向人才培养新理念，强化三大维度协同育人，完善复合应用型人才培养机制

设计类专业"三维协同"复合应用型人才培养探索与实践，面向国际趋势、面向国家需要、面向产业变革，通过将艺术、人文、科学与新技术相结合的交叉学科方法，培养学生对复杂问题的敏锐性和分析洞察能力；通过对科技创新技术的应用，让学生尝试探索新感知、新媒介、新模式、新方法，以实践项目为驱动，通过对现代社会新型商业和服务项目的设计方法的研究，培养学生适应商业和主动创业的能力和良好的审美，使其能够掌握一定的计算机编程与技术应用能力。通过搭建工作室平台及践行校企合作共建，培养学生适应产业需求的实践创作能力，使学生具备在网络大数据、人工智能、新媒体不断发展的未来社会中策划、设计、管理、服务等方面的系统建构能力。

1. 艺科协同

打破传统学科界限，推动设计学与工学、管理学、生命科学等学科的交叉

融合，开设跨学科课程和项目，培养学生的多元知识结构。学院 2019 年开办了实验班，以探索"新文科"背景下的新型设计人才培养，实验班打破了原有专业导向的人才培养模式，打破了专业与学科的界限，将艺术设计与数字科技交叉融合，注重数字科技在设计教学中的实践应用，提升了学生的艺科融合能力。通过多元项目的设计和实施，培养学生在数智化时代背景下跨学科解决问题的综合能力。

2. 校企协同

与企业建立长期合作关系，共同制定人才培养方案，联合教学、共同研发，使学生的学习和实践内容与企业的实际需求紧密结合。采用以项目驱动、产学合作、实习实训等实践为导向的教学方法，提升学生的实践能力和应用能力。与企业共同开发课程，将最新的产业知识和技术引入教学，确保教学内容与产业发展同步。

3. 国际协同

学院与爱尔兰香农理工大学的合作办学项目已经历了十年。基于该项目，学院全面吸纳国际优质教育资源，致力于培养兼具中西方文化底蕴的设计人才。在视觉传达设计（中外合作办学）专业中，学院积极借鉴外方的前瞻性教学理念，采纳其专业培养方案、教学大纲、专业教材及讲义，结合项目实际，共同制定了具有针对性的人才培养方案。此方案秉承厚基础、宽口径、重能力的教育理念，凸显了国际化教育的特色。

视觉传达设计（中外合作办学）专业采用"3＋1"教学模式，前 3 年共引进国外优质课程 18 门，其中外方专业核心课程占比超过三分之一。同时，引进近 30 门国外课程大纲和 10 余部国外优秀教材，整合近 10 门中外合作课程。

在师资队伍建设方面，学院积极整合优秀资源，每年邀请外方优秀教师来校授课，并为学生和中方教师举办针对不同学科方向的学术报告。值得一提的是，引进的 18 门专业课程中，有 11 门由外方教师亲自授课或由外方认证的外籍教师授课，确保了课程的教学质量和国际化水平。

课程和教学的国际化是高等教育国际化的核心体现。我们始终坚持"引进来"与"走出去"相结合的策略，将外方先进的教学理念融入教学改革实践。成功将合作院校爱尔兰香农理工大学的"结果导向"教学思维引入专业基础课，取得了显著的教学成效。学院将这一改革经验推广至学院其他专业，并荣获校级教学成果奖一等奖。

此外，我们通过构建"国际协同育人共同体"，鼓励教师进行跨专业、跨院系的全面合作，打破了传统的院系壁垒，为师生提供了更为广阔的学习与交流平台。2023 届的视觉传达设计（中外合作办学）专业毕业生就业率达 90%，研究生录取率较往年大幅提升，达 20.4%，高于学校平均水平。设计学院的合作办学项目培养了一大批优秀设计专业学生，他们在校期间参与完成了许多设计项目并广受好评。国际部教师引导和组织学生积极分析赛事信息，建立了踊跃参与学科竞赛的良好氛围。该专业学生在最近三年里共获得 300 余项各等级奖项，在米兰设计周、全国大学生广告艺术大赛、两岸新锐设计竞赛"华灿奖"、未来设计师·全国高校数字艺术设计大赛等各大赛事中取得优异成绩，学生申请获批外观专利 1 项、实用新型专利 2 项。

（四）建立质量评价新标准，构建"壬"字形人才培养框架，培养面向未来的高质量设计师

1. 制定面向全员育人的闭环评价

学院建立了专业技能、创新能力、团队合作、沟通能力、社会责任感等多维度评价指标，确保评价的全面性和客观性。

2. 完善强调实践能力的过程性评价体系

学院针对作品集评审、设计竞赛、实习表现等环节，重点评价学生的实践操作能力和运用知识解决问题的能力。将评价贯穿于学习全过程，在日常作业、项目评估、课堂表现等方面，持续跟踪学生的学习进度。

3. 基于产教融合构建多元化评价体系

除了教师评价外，学院还引入了行业专家评价、同学互评、自我评价等多元化评价方式，从不同角度对学生的学习成果和综合能力进行评价。

4. 基于数据分析，建立质量持续改进机制

学院定期对评价体系进行审查和更新，根据行业发展情况和教育反馈调整评价指标和方法，确保评价体系与教育目标的一致性。收集和分析学生成绩、就业情况、行业反馈等数据，为人才培养和质量评价提供数据支持。

三、案例的创新点

（一）率先提出了综合类院校设计类专业"壬"字形复合人才培养新理念

江汉大学设计学院在"新文科"建设不断推进的背景下，通过对教学实践、教育新路径的探索，借鉴国内外高校设计学科的最新理念与教育模式，探索人才培养、教学管理、育人模式等改革机制，构建了"壬"字形的复合人才培养教学框架，并制定了与之相匹配的新的知识体系和方法系统（见图1），创造了一个良好的素质培养、技术培养和能力培养环境。

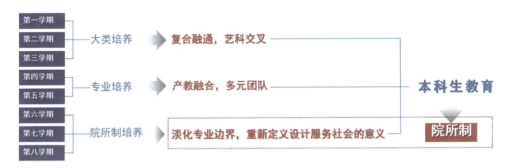

图 1　设计类专业"壬"字形复合人才培养知识体系和方法系统

（二）率先提出了综合类院校基于"壬"字形复合人才培养新理念的"三维协同"新路径

在综合类院校设计类专业教育教学的创新之路上，学院基于"壬"字形复合人才培养的艺科协同、校企协同、国际协同的"三维协同"新路径，创建了复合应用型人才培养支点（见图2）。在艺科协同维度上，学院加强了与其他学院的合作，打破了学科壁垒，形成了跨学科团队，通过跨学科课程、联合项目、研讨会等活动，培养学生的综合素质和创新能力。在校企协同维度上，学院与企业建立紧密合作，共享教育资源，共同制订人才培养计划，确保学生所学的知识与市场需求相匹配。在国际协同维度上，学院注重引进国际先进教育理念和教学方法，提升设计类专业人才培养国际化水平。"三维协同"有效地促进了国际性、应用性、创新性"三性"设计创新人才培养目标的达成。

四、改革成效及案例的推广应用效果

经过多年的传承、创新和融合，学院从育人理念、培养目标、学科体系、教学体系、教材体系、课程内容、教学方法、学习方式等方面，开展本科教育实践，探索出了一条高质量设计类专业人才培养之路，形成了可借鉴、可复制、

图 2　设计学类"壬"字形人才培养模式

可推广的"江大方案",对省内外设计相关学科的转型升级起到了示范和引领作用。

(一)人才培养能力稳步提升

学院"壬"字形复合人才培养模式的改革成果,被中国教育在线等多家主流媒体宣传报道,并获得校级教学成果奖3项。"高校服装与服饰设计专业校企协同人才培养模式改革与实践"项目获湖北省教学成果奖二等奖。

学院积累了一批优秀校友,其中包括美国亚马逊西雅图总部资深用户体验设计师杨晓晨,她曾作为中国大学生代表参加联合国世界虎保护国际论坛。国际合作办学项目自开办以来,有57名学生前往香农理工大学学习,这些学生毕业后进入多所世界名校深造，如美国卡内基梅隆大学，澳大利亚墨尔本大学、悉尼大学，英国布里斯托大学等。2016届毕业生陈晨，从香农理工大学取得硕士学位后，继续攻读该校博士学位。近三年，多名实验班学生考入英国皇家艺术学院、华中科技大学、武汉理工大学，多名学生进入小米、网易等世界500强企业工作。

学院改革后，创新创业学生的获奖率明显提升。2017级学生周永胜在校期间创业成功，成为新四板挂牌企业最年轻的敲钟人。2018届毕业生邱航入选湖北省第六届"长江学子"大学生就业创业人物。2018届毕业生赵甫恒入选湖北省第八届"长江学子"基层就业类大学生就业创业人物。2023届毕业生方雯获"中国大学生自强之星"奖学金。

（二）服务地方能力明显增强

设计学院受邀参加了2023武汉数字创意产业招商签约大会，为江汉大学都市时尚体育国家级科普基地完成视觉及展览设计。学院参加了洪湖老湾回族乡江豚湾社区的设计项目，该项目入选第二届"全国高校设计赋能乡村振兴创新案例"。同时，师生团队积极参与武汉多项"设计之都"建设活动，完成多项设计作品，如第七届全国城市运动会主视觉海报设计等，并受邀参加2023年武汉设计日设计教育专题展。此外，环境设计专业师生参与了武汉荣东社区的改造项目，戴菲同志参与了武重社区"武重火车头广场微改造"项目，获武昌区"十佳下沉党员"称号。

（三）学科专业影响不断提高

近三年来，展示设计、服装设计、实验性设计、艺术与科技等4门课程获批省一流课程。学院项目式课程立项11门，课程思政示范课程立项15门，产学共建课程立项35门。

学院师生荣获 IF 设计奖、未来设计师·全国高校数字艺术设计大赛一等奖、中国大学生广告艺术节学院奖金奖、全国大学生信息技术创新应用大赛国家级一等奖、第 24 届中国时装设计（十佳）新人奖、"未来之星"青年设计师大赛全国金奖、世界旅游小姐大赛中国区总冠军等国际级和国家级奖项 300 余项，省级奖项 600 余项。近三年获得"互联网＋"国赛铜奖 1 项，省赛等级奖 10 项。学科竞赛成绩显著，在教育部高校教师教学发展研究国家级虚拟教研室联合浙江大学、湖北工业大学发布的"全国普通高校大学生艺术类竞赛指数"排行榜中，我校在 22 所"A＋类"学校中位列前茅。

（撰稿人：王云龙）

地方高校环境工程专业"产教、科教"双融合育人模式的探索与实践

一、案例简介及主要解决的教育教学问题

（一）案例简介

"产教、科教"双融合育人新机制是深化"新工科"建设的重要改革方向，也是地方高校工科专业深化综合改革的重要路径。江汉大学环境与健康学院环境工程专业立足武汉、面向湖北、辐射全国，以国家生态环境保护战略发展和超大城市生态环境现代化治理需求为导向，以应用创新型高素质工程技术人才培养为目标，围绕湖北省"51020"现代产业集群和武汉市"965"现代产业体系，大力推进"产教、科教"双融合育人实践改革，优化人才培养目标、重构课程体系，构建了具有专业特色的理论课程体系和"三维立体"工程实践教学体系，搭建"校内＋校外"多维度实践育人平台，积极推进"校企双师"融合育人实践，探索出一条具有江汉大学特色的地方高校工程教育改革创新的新路径，推动了人才培养质量的稳步提升。

（二）主要解决的教育教学问题

与国外相比，我国工程教育普遍存在工程实践能力的培养未能充分贴合实际需求、人才培养体系与企业需求脱节、产教融合深度不够、"产教、科教"融合实践案例较少、创新教育思想尚未充分贯穿于工程技术人才培养全过程等问题，这些问题阻碍了学生的工程实践能力和创新能力的提升。为了专业自身发展需要，确保工程教育专业质量和提升专业竞争力，地方高校的环境工程专业亟须推进改革，以培养适应产业技术发展需求的应用创新型工程技术人才。本案例主要解决以下三个方面的教育教学问题。

（1）传统环境工程专业人才的实践能力不足，以问题和需求为导向的人才培养体系不健全，创新教育思想尚未充分贯穿于工程技术人才培养全过程。

（2）人才培养与产业发展需求脱节，产教融合范围窄、程度浅，校企协同育人成效不明显。

（3）传统环境工程专业受重科研、轻教学思想的影响，科研优势未能充分转化为育人优势，"产教、科教"双融合探索起步较晚，难以满足应用创新型人才培养的需求。

二、案例解决教育教学问题的方法

学院以国家生态环境保护战略发展和超大城市生态环境现代化治理需求为导向，以应用创新型高素质工程技术人才培养为目标，围绕湖北省"51020"现代产业集群和武汉市"965"现代产业体系，构建了以"产教、科教"双融合为特色的应用创新型人才培养体系。

（一）优化人才培养目标和重构课程体系

学院面向环保产业发展需求，对标国家一流专业建设和"新工科"建设的要求，以工程教育专业认证工作为抓手，基于OBE理念，在系统分析"区域生态环境保护人才需求""学校高水平城市大学人才培养定位""学生个人发展需求"的基础上，优化专业人才培养目标和毕业要求，通过重构课程体系、建设一流课程、建设实践平台、构建全员导师制、设置科研创新实验班等措施，全面推进人才培养模式改革。以培养能够服务武汉、湖北地方生态环境保护工作（如环境污染控制、环境监测与评价、环保技术研发、环境管理等）的应用创新型人才为目标，重构了"通识课程＋数理基础课程＋工程基础课程＋专业课程＋专业拓展课程"的理论课程体系和"产教、科教"双融合育人的实践教学体系。学院构建的环境工程专业应用创新型人才培养体系如图1所示。

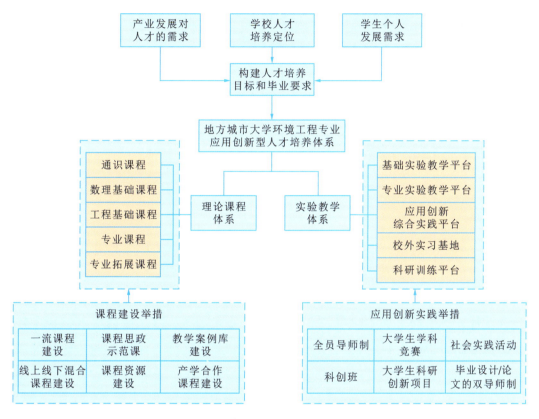

图1　环境工程专业应用创新型人才培养体系

1. 通识教育模块设计

通识教育模块包括思想政治理论类、大学外语、计算机类、大学体育、语文、军事、职业发展、心理健康教育等必修课程，以及人文艺术、美育、劳动教育等素质教育类的选修课程。学院适当削减了中国近代史纲要等思政课程的讲授学时，增加了课外实践学时，引导学生开展思政类课程的户外实践活动，通过理论联系实践更好地促进学生通识教育素质能力的提升。

2. 学科基础课程模块设计

按照《普通高等学校本科专业类教学质量国家标准》和《工程教育认证标准》的要求，设置学科基础课程模块，主要包括数理基础课程、计算机程序设计语言类课程、工程基础课程、化学类和专业基础类课程。为了更好地适应环境工程专业对化学类知识与技能的要求，学院对化学类课程体系进行了优化调整，将传统的有机化学和分析化学优化调整为环境有机化学、环境分析化学，并增加了课内实验学时的占比，提升了学生解决环境工程实践问题所需的化学基础能力。

3. 专业课程模块设计

专业课程模块包括污染控制工程类、环境监测与评价类、专业能力扩展类课程，课程设置符合《普通高等学校本科专业类教学质量国家标准》和《工程教育认证标准》的要求；同时，学院结合学科特色以及国家协同推进健康中国和美丽中国建设的时代要求，设置了城市环境污染治理、环境监测与管理等专业特色必修课程，以及环境污染与健康、环境大数据、碳排放监测与管理、生物化学、环境暴露学、环境毒理学、环境流行病学等专业特色选修课程，构建了符合绿色低碳发展和美丽中国建设时代要求的专业能力培养体系。

（二）构建"三维立体"工程实践教学体系

以工程实践应用创新能力培养为主线，学院依据专业毕业生对知识、能力、素质的要求，遵循"夯实基础实践、注重工程思维、强化工程实践能力、培养创新精神"的原则，将通识课程实验、工程技术基础实验、工程专业实习与实践、科研创新教育等四大实践教学模块有机整合，优化调整实践教学体系，构建了由"基础认识＋综合应用＋研究创新"三个层次组成的多维度、递进式、立体化("三维立体")实践教学体系,多个层次之间紧密联系且与校外资源互补,实现基础实践能力训练与专业综合实践能力、创新能力训练相结合。随着多维度实践教学不断推进,实践教学内容的质量呈现立体螺旋式、渐进式上升,有利于学生将知识学习和能力、素质提升融为一体,全面提升应用创新型人才培养质量。

1. 基础认识性实践教学体系

基础认识性实践教学体系包括化学基础实验、计算机上机操作、大学物理实验、环境工程认识实习、环境工程原理实验、环境工程CAD、环境污染调查等实践环节,侧重于教授基本实验方法、操作技能和工程概念,旨在夯实学生的基础实验技能,使学生能够根据研究对象特征选择研究路线,安全地开展实验,正确地采集实验数据,并能对实验结果进行合理分析和解释,同时提高学生的沟通、团队合作能力。

2. 综合应用性实践教学体系

综合应用性实践教学体系包括生产实习、环境监测实习、专业实验(环境监测实验、固体废物处理与处置实验、水污染控制工程实验、大气污染控制工程实验)、课程设计(固体废物处理与处置课程设计、水污染控制工程课程设计、大气污染控制工程课程设计)等实践环节,旨在培养学生的工程思维、专业实践技能、解决环境工程问题能力,提高学生沟通、团队合作、社会责任、工程伦理、终身学习等方面的素质。例如,环境监测实习设置了4个课程目标,其中2个课程目标分别对应"研究""使用现代工具"等科学研究及专业实践技能的培养,另外2个课程目标分别对应"团队合作""终身学习"等通用素质的培养;生产实习的1个课程目标对应"环境工程项目管理"能力培养,其他课程目标对应"团队合作""沟通""职业规范""社会责任"等通用素质的培养。

3. 研究创新性实践教学体系

研究创新性实践教学体系包括毕业实习、毕业论文（设计）、环境工程创新实验、学生科研、社会实践、课外科技活动等实践环节，其中环境工程创新实验、学生科研环节做到了创新全覆盖，在实践实训中全面提升了学生的工程能力和创新能力。该教学体系旨在培养学生解决复杂环境工程问题所需的综合能力、科学研究能力、创新精神，以及沟通、团队合作、社会责任、工程伦理、终身学习及适应发展等方面的素质。例如，环境工程创新实验的1个课程目标支撑工程能力和创新能力的培养，2个课程目标支撑"个人和团队""终身学习"等通用素质的培养。

学院构建的面向应用创新能力培养的"三维立体"工程实践教学体系如图2所示。

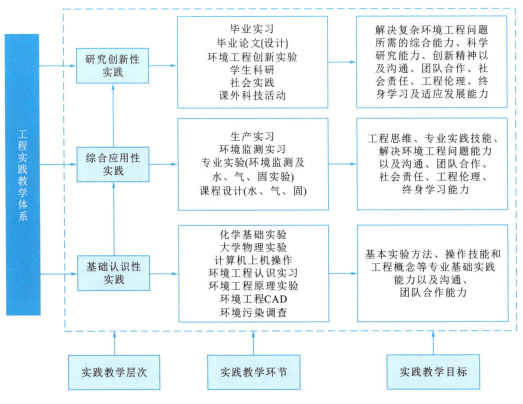

图 2 面向应用创新能力培养的"三维立体"工程实践教学体系

三、案例的创新点

（一）搭建"校内+校外"多维度创新实践育人平台

为了保障工程实践教学计划的落实，充分利用校内外各种教学、科研资源，学院搭建了"校内＋校外"多维度创新实践育人平台，包括物理、化学、计算机等课程的实验教学平台，如环境监测实验室、水污染控制工程实验室、大气污染控制工程实验室、固体废物处理与处置实验室、环境工程综合创新实验室、环境工程综合设计实验室等专业实验教学平台，以及依托环境工程专业建设的工业烟尘污染控制湖北省重点实验室、持久性有毒污染物环境与健康危害湖北省重点实验室、江汉大学环境检测中心（具有CMA资质）、江汉大学院士专家工作站、江汉大学分析测试中心等省级、市级、校级科研平台。校外实践育人平台包括与湖北红安方达环保工程有限公司共建的由武汉天虹环保产业股份有限公司牵头组建的湖北省环境监测产业技术创新战略联盟以及武汉市生态环境监控中心、湖北汉新发电有限公司（原汉川电厂）、武汉千子山循环经济产业园、汉西污水处理厂等省内13个校外实践育人基地。

（二）健全应用创新型人才培养机制

为了推动学生应用创新能力的培养，学院对培养机制进行顶层设计，先后制定或修订完善了《江汉大学环境与健康学院本科生综合导师制实施办法（试行）》《江汉大学环境与健康学院本科生科研工作管理办法（试行）》《江汉大学环境与健康学院校外指导教师指导毕业论文（设计）的管理办法》等制度文件20余项。其中，《江汉大学环境与健康学院本科生综合导师制实施办法（试行）》规定，新生入学的第一学期配备导师，并明确要求导师引导学生参加科学研究训练；《江汉大学环境与健康学院本科生科研工作管理办法（试行）》通过实施院级学生科研项目，资助更多的学生参与科研；《江汉大学环境与健康学院校外指导教师指导毕业论文（设计）的管理办法》旨在提升校外导师的参与度。目前，学院本科生全部加入了教师科研团队，毕业论文选题全部来源于教师科研项目。

（三）积极探索产教融合协同育人模式

学校环境工程专业积极探索将环保产业技术最新进展、环保行业企业发展需求融入专业人才培养全过程的育人模式，引企入教、产教融合，基于环保产业发展需求及合作企业发展需求，特别是合作环保企业对共建课程的知识与能力要求，推动课程内容与行业标准、产业技术需求深度对接，把企业工程应用案例、项目开发案例、工程设计方案、项目管理方案、设计图纸等生产一线优质案例引入课堂教学或作为毕业论文（设计）和课程设计的选题来源，构建了理论教学与实践相结合、面向产业需求能力培养的产教融合课程内容体系。

学院充分调动企业参与产教融合的积极性和主动性，不断深化"校企双师"融合育人实践，聘请了一批企业技术人员，开展联合授课，指导专业实习实践、毕业论文（设计）和课程设计，充分激发校企共同参与人才培养过程的活力。在深化"校企双师"融合育人过程中提高学生的工程实践能力以及服务地方环保产业发展的意识，促进学生知识结构、能力素质与行业发展紧密结合，将学生培养成为区域经济发展和产业发展的有用人才。

例如，"环境监测"课堂教学引入合作企业的环境空气自动监测系统开发及运维案例、环境监测仪器设备研发案例、环境空气质量移动车载监测等生产一线内容，校企联合编写适应生态环境监测行业发展需求的教案及授课课件；"环境规划与管理"和"环境工程项目管理"课堂教学引入合作企业的建设项目环境影响评价、环境政策及规划编制、环保工程竣工验收、环保管家、排污许可等企业生产一线项目案例内容；"固体废弃物处理与处置"课堂教学引入合作企业生活垃圾及工业废物处理工程案例。在教学过程中，企业技术人员全过程参与学生的生产实习、毕业实习指导;通过产教融合课程体系建设,引导企业参与专业人才培养全过程,培养学生的工程意识、协作精神以及综合运用所学知识解决实际工程问题的能力。

此外,为了引入行业、企业专家参与毕业设计(论文),学院制定《江汉大学环境与健康学院校外指导教师指导毕业论文(设计)的管理办法》,加大聘请校外专家参与毕业设计(论文)指导的力度。目前,学院以实验、实习、工程实践和社会调查等实践性工作为基础的毕业论文(设计)比例达到100%,有企业导师参与指导的毕业论文(设计)占比大于50%。

学院通过上述举措,极大地提升了学生的工程实践能力和创新能力。近年来,一批本科生通过在产学合作课程、专业实习、毕业设计或科研实践中的优秀表现,得到了企业的认识和认可,毕业后成功入职武汉市生态环境监控中心、湖北汉新发电有限公司(原汉川电厂)、武汉格林环源净化工程有限公司、武汉千子山循环经济产业园等专业实习实践基地就业,有效实现课程体系建设与学生的职业发展同频共振,推动了人才培养与环保产业需求融合、专业教育与环保产业发展融合。

(四)大力推进科教融汇育人实践

学院大力推进科教融合协同育人创新人才培养模式,与中国科学院生态环境研究中心签署联合培养合作协议,聘请江桂斌院士领衔的专家团队为校外导师。学院每年选拔推荐多名学生进入中科院系统进行访学调研、实习实践、学术交流等,注重培养具有国际视野、协同创新意识的环境保护相关领域的优秀人才,提升应用创新型人才培养质量。

2021年,学院设置环境工程本科(炳灵班、科创班)试点,对学生进行分类培养。在新生入学之初,学院就会选拔部分对科研感兴趣、具有科研潜力的优秀学生,开展"科教融汇"实践探索,并为该班学生制定个性化人才培养方案,实施小班教学、专业导师负责制,目前实验班规模正稳步扩大。

此外,充分发挥省部级科研平台和高水平科研团队在人才培养中的积极作用,大力推进科研优势转化为课程教学、实验实践和课外创新活动等人才培养优势,通过科研反哺教学,提升学生的实践创新能力。2021—2023 年,学院本科生获批国家级、省级、校院级大学生创新创业训练项目 52 项,荣获国家级及省市级学科竞赛奖 16 项,发表论文 36 篇。

四、改革成效及案例的推广应用效果

通过大力推进"产教、科教"双融合育人模式探索,学院有效推动了专业教育与产业发展融合、教学过程与工程实践融合、产研过程与产教过程、科研资源与育人资源融合,专业办学特色日益彰显,专业教育教学质量和育人水平稳步提升。2019 年,环境工程专业获批湖北省一流本科专业建设点,环境工程专业教学团队获评湖北省高等学校省级教学团队。2022 年,环境工程专业获批国家级一流本科专业建设点,环境/生态学学科进入 ESI 全球前 1%。2024 年,环境工程专业名列软科中国大学专业排名"B+"级。2022—2024 年,环境工程专业平均升学率高达 48%,平均就业率达 90%,其中 75% 左右的毕业生在武汉地区就业,80% 左右的毕业生选择从事生态环境保护及相关行业工作。环境工程专业为城市生态环境治理现代化建设和区域特色发展培养了一批应用创新型工程技术人才,一批优秀校友荣获"武汉市环境监测技术能手""企业最美员工"等荣誉称号,成为服务武汉"965"现代产业体系和助力武汉超大城市生态环境治理现代化建设的重要智力支撑。

环境工程专业构建的以"产教、科教"双融合为特色的应用创新型人才培养新模式,为地方高校工程教育改革创新提供了可借鉴的新路径,具有一定引领示范作用和推广应用价值。

(撰稿人:刘琼玉)

城乡规划专业"六位一体"课程体系建设与教学模式改革

一、案例简介及主要解决的教学问题

（一）案例简介

江汉大学城乡规划专业于1998年开始招收四年制本科生，迄今有着25年的办学历史，培养了近千名城乡规划专业人才。2018年，经教育部批准，城乡规划专业的学制由四年制改为五年制。2021年，城乡规划专业被教育部认定为湖北省一流本科专业建设点。本专业立足武汉，面向湖北，辐射全国，以校政企—产教研深度融合为特色，形成综合性应用型人才培养体系，以服务地方城乡建设为宗旨，培养适应城乡建设发展需要、掌握扎实城乡规划理论知识、具备应用实践能力、富有社会责任感、具有团队精神和创新思维、具有可持续发展和文化传承理念的实用型城乡规划、建设和社会治理高级人才。毕业生的专业能力和综合素质得到不断提升，团队合作精神和动手能力较为突出，用人单位满意度较高。

我校城乡规划专业以服务"国土空间规划"人才需求为目标，针对AI时代传统教学模式难以适应学生发展的问题，重新整合课程体系，按照规划—建设—现代化治理的顺序，将知识点紧密融合并贯穿于不同项目之中，以确保有序地构建起完整且深入的知识链，让学生能够结合主题自主开展探究式的学习，加强专业课程的横向联动，逐步形成了理论、实践、课堂、线上、实地、职场"六位一体"的教学模式，便于学生融会贯通，实现主动学习，提升课程的"两性一度"，提高学生的专业能力和素养，最终高质量地完成以推动城乡有序持续发展为核心的应用型人才培养目标。

（二）主要解决的教学问题

习近平总书记多次就城市规划、建设和发展做出重要指示、批示，强调城市规划的重要引领作用，强调要加强城市规划、坚持规划先行。二十届三中全会指出，城乡融合发展是中国式现代化的必然要求，必须统筹新型工业化、新型城镇化和乡村全面振兴，全面提高城乡规划、建设、治理融合水平，促进城乡要素平等交换、双向流动，缩小城乡差别，促进城乡共同繁荣发展。

现行国土空间规划要统筹城乡全域、全要素，实现"多规合一"，这将倒逼城乡规划专业拓宽教学内容。学生需要从掌握服务于增量的空间规划技术能力，拓展到具备以产业、运营为核心链条的空间策划规划能力，并最终具备以多元协同为路径的空间规划治理能力。但是无限制地增加教学内容是不可取的，不少院校还在尝试缩短学制以应对招生问题，因此，人才培养在原有教学基础上的转型升级，核心在于再构课程体系和教学模式。

二、案例解决教学问题的方法

（一）改革原则

1. 以解决城乡发展中的问题为导向再构知识体系

基于国土空间规划体系赋予规划人才培养的新使命，城乡规划教育应以在解决具体问题的训练中培养学生的各种能力为核心。我校城乡规划专业系统梳理了5个领域的知识体系，以25个核心知识单元为主线，以解决城乡问题为导向，重构规划—建设—治理一体化的城乡规划课程体系。

2. 以提升学生解决实际问题能力为核心再构课程体系

城乡规划专业致力于多维度地提升学生高阶创新和实践能力，再构课程体系和教学模式，使课程体系和教学模式通过解决城乡发展实际问题的项目串联融合，形成完整知识链，便于学生整合从多途径学到的零碎知识，使学生能够了解知识之间的相互关系，以及各类知识是怎么使用的，还可以给学生留下更多探索空间。

3. 以产教融合、知行融通为原则重组教学模式

确保课程体系和教学模式贴合社会需求和学生的学习特点，系统化开启学生高阶创新和应用能力培养，引导学生了解社会需求，使学生能够在毕业后迅速融入社会。同时，共享教学资源、消除课程边界，让知识交叉融合，便于学生掌握。

4. 以学生为主体、问题为导向强化案例教学

传统教学模式以教师为主体，这种模式不能适应互联网时代的学习特点，学生主动学习的积极性不高。再构的课程体系和教学模式强调以项目为载体、问题为导向，强化案例教学以及以学生为主导的案例研究，引导学生进行自主式学习、团队协作，真正做到以学生为中心。

5. "如盐入味"地开展课程思政教学设计

在专业课程中深入挖掘思政元素。在思政元素融入点的教学中，课程导入内容需要精心设计和策划，以确保学生能够对思政元素融入点的课程内容产生浓厚兴趣，将立德树人"如盐入味"地融入教学中，让学生们明确作为一名城乡规划从业者应该承担的社会责任和职业责任，实现专业不减量，育人提质量。

（二）教学改革的思路与方法

1. 课程体系改革的总体设计

（1）项目式重构课程体系。

结合当前国土空间规划对城乡规划专业人才的具体需求，城乡规划专业将繁杂的知识内容有序融入项目载体，形成了项目全生命周期的完整知识链，从而构建了服务国土空间规划人才需求的项目式课程体系，便于学生将所学知识融会贯通，进而提升综合运用所学知识发现、分析、解决复杂工程问题的实践能力。

（2）以 OBE 教育理念重构课程体系。

以培养国土空间规划人才为目标，城乡规划专业重新梳理整合课程体系的各知识单元，将其分阶段贯穿于项目从规划到建设直至现代化治理的全生命周期，形成了符合人才培养规律的课程体系。

（3）面向社会重构课程体系。

城乡规划专业研究并搭建了校政企深度融合新范式，建立了校政企合作平台，紧跟行业发展方向与社会需求，定期开展校外专家讲座，建立联合评图长效合作机制，择优推荐学生进入实习基地开展暑期实习，并将其作为课程的延续。通过这些措施持续优化、提升应用型人才培养质量，不断贴近社会对人才的要求。

2. 教学模式改革的总体设计

1）总体教学设计

城乡规划专业构建了 IBL（主题探究式教学）＋PBL（问题导向式教学）的"六位一体"总体教学设计（见图1）。

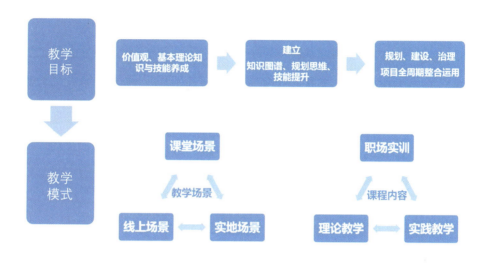

图 1 "六位一体"总体教学设计

（1）线上环节。

要求学生在课前课后通过观看授课视频、专业纪录片、实践案例等方式加深对于课程内容的理解和把握，并通过完成知识点测试和问答讨论等方式检查课程学习目标的达成度。

（2）理论与实践环节。

结合理论课程中的重难点、实践课程中的案例要素、实践中遇到的问题，有针对性地设置主题研究任务、问题要点，学生在正式上课之前要提交主题研究和问题解析报告。

（3）课堂环节。

通过教师讲授、学生方案汇报、教师点评等形式，实现学生对重难点的主题探究式和主动输出式学习，从而实现课堂翻转，最终实现教学的知识目标、能力素质目标、思政目标。

（4）实地环节。

以各类项目为依托，引导学生对城市及乡村空间多类型实践项目进行真题真做、假题真做，在现场实地开展教学讲解、实践训练、直播等活动，帮助学生感受项目开展的现实场景氛围。

（5）职场环节。

对于企业反馈的毕业生们存在的诸如不善沟通表达，欠缺逻辑思维、整体思维和整合分析能力等问题，城乡规划专业设置了有针对性的训练环节，开设"城乡规划业务实践"课程环节，联合实习单位共同指导和帮助学生更好地适应职场环境。

2）打造"三区两融三通"的教学范式

（1）"三区"。

教学内容要适合教室实体空间、网络虚拟空间、城乡空间三种教学区域，教师要分别组织实施课堂见面课、线上自学和现场实践教学。

（2）"两融"。

线上线下有机融合：线下教学组织与线上内容要紧密衔接，及时检验学生的自学效果。

课程内容的精细融合：一方面，课程要融合时代特点、前沿热点、实践课程的规划设计要素和思政元素；另一方面，课程与课程之间要进行知识点的衔接与融合。

（3）"三通"。

"三通"指理论与实践的打通、课堂与职场的打通、线上与实地的打通。具体而言，就是通过项目设计、现场直播和见面课的教学组织，让学生得到实践锻炼，使学生具备职场所需的专业能力和职业素养。

3. 教学方法改革

本次教学模式改革，推动了问题导向、主题探究等教学方法的高效融合，既可提升学生的求知欲、互动性和主动性，又有助于实现课程的高阶性、创新性和挑战性，同时教学方法改革又能反过来推动教学内容的持续更新，使之贴近最新的创新理论与实践项目。

以"城市建设史与规划史"课程为例（见图2），本教学案例的教学方法改革实践注重研究互联网时代学生的学习特点，探索 PBL 教学模式在城乡规划教学中的运用。本教学案例开展以项目为载体、问题为导向，线上线下结合、课内课外相融通的沉浸式学习，通过让学生自主选题，激发其学习兴趣，使学生从项目式教学的师生互动中发现问题，开展模块化"针灸式"教学；突出"教—学—用"一体化、完善以能力培养为导向的教与学的新模式，促进师生之间、学生之间的交流互动、知识生成。

湖北省线上线下混合式一流本科课程 "城市建设史与规划史"教学实施过程			
第一环节：个人自学环节			
教学环节	教师活动	学生活动	设计意图
线上自学	发布学生个人的学习任务 监督学生浏览授课视频 监督学生完成章节测试 引导学生完成章节问答讨论	完成授课视频的学习任务 完成章节测试和问答讨论	掌握中外城市规划建设的特征、重要的城市规划理论与思想精华，形成系统的规划理论知识体系；把握城市发展的规律，为规划设计实践奠定理论基础
信息化手段与作用			
通过智慧树平台的共享课工具监督学生自学完成个人的学习任务			
第二环节：小组协作环节			
教学环节	教师活动	学生活动	设计意图
见面课	发布团队完成的学习任务 引入研究主题相关的资源 点评小组提交的研究报告	学习小组在见面课前，集体完成研究报告 每组要在课前完成研究报告汇报稿，在课后结合师生的点评意见修正，提交最终正式稿	训练学生形成专业所需的思维习惯，掌握将知识融会贯通、分析归纳、表达沟通、团队协作的能力，具备发现和解决城市规划实践问题的综合能力
信息化手段与作用			
通过智慧树平台的翻转课工具对学生进行分组，每周线上发布团队学习任务 在平台上引入更多有针对性的国家级、省级一流课程资源，协助学生完成主题研究报告 利用翻转课工具收集和点评小组的研究报告			
第三环节：见面课堂环节			
教学环节	教师活动	学生活动	设计意图
见面课环节	教师点评	各小组进行主题汇报，汇报要求思路清晰、逻辑严谨、图文并茂、表达顺畅，然后进行生生互评	既考察和加深了学生对于重难点教学内容的理解和掌握程度，同时又训练和提高了学生的能力素质
信息化手段与作用			
通过智慧树平台翻转课的课堂工具，进行见面课堂的组织和记录，包括签到、投屏、点名、投票、抢答、课堂表现打分等内容			

图 2 "城市建设史与规划史"课程实施过程

三、案例的创新点

本教学案例围绕我国国土空间规划对于人才的新需求，通过不断更新的项目载体，将重构的城乡规划课程体系纳入真实项目中，将知识点分时序、分阶段贯穿融合于从规划到建设直至现代化治理的全生命周期，形成完整知识链，便于学生沉浸式学习和理解所学知识并融会贯通。

《高等学校城乡规划本科指导性专业规范》指出，造就卓越的规划专业能力，关键要训练学生的规划思维。围绕核心能力的培养和规划思维的训练，结合本校人才培养特色，城乡规划教学团队将核心课程体系分别纳入以下三个层面。

1. 系统观

要以系统论思维来理解城乡人居环境这个"巨系统"。这方面主要涉及的课程包括"国土空间总体规划""城市设计""乡村规划原理及设计""城市公共空间设计""城市社会学""城乡道路与交通规划"等。

2. 整体观

要解决好局部和整体的关系问题。这方面主要涉及的课程包括"区域规划""控规原理及设计""修规原理及设计""社会调查研究方法"等。

3. 时空观

要从历史发展的视角看城乡空间特征及其演进，从而准确把握和实施空间规划干预。这方面主要涉及的课程包括"城市建设史与规划史""建筑历史概论"等。

在构建课程体系的过程中,我们以规划思维的"三观"构建原则为引领,同时依托具体项目来设立多样化的子模块(见图3)。

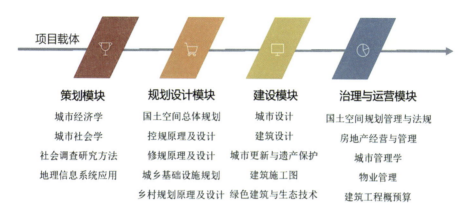

图3 城乡规划专业的项目载体和子模块设置

在课程体系建设和教学模式改革中,城乡规划专业通过深入推进校政企深度融合,使课堂教学与不断变化的社会需求相适应。通过引入源于社会实际的多课程共享的项目载体,帮助学生将多课程知识串联起来,融会贯通,并应用于设计实践,提高学生综合运用所学知识发现、分析、解决复杂现实工程问题的实践能力。这种教学模式能够将不断变化的社会需求直接反馈到课堂教学中,使学生在完成项目式课程学习后,能够更顺利地过渡到职场,实现高质量就业。

四、改革成效及案例的推广应用效果

(一)改革成效

1. 项目式介入,引导课程融合

在课程体系的融合实践方面,2020年至2022年,"基于科教融合的'城市设计'与'园林绿地规划'课程交叉模式研究"课改项目团队与武汉市新洲区国土资源和规划研究院合作,联合编制了《新洲区旧街街道一河两岸立面及环

境整治规划》。在该项目中，课改项目团队打通了课程壁垒，多位教师联合指导，并带领学生参与设计实践。项目成果受到广泛赞赏，"一河两岸"工程获评"武汉市 2022 年度最美片区"及 2023 年武汉市"美丽河湖"优秀案例，被誉为旧街版"清明上河图"。

2. 以学生为中心开展多层次教学

（1）以竞赛促学，助力科研。

在师生的共同努力下，城乡规划专业有 50 余名学生成功申报科研项目近 30 项，多名学生参加"高教杯"全国大学生先进成图技术与产品信息建模创新大赛、第十届中国梦·绿色建筑创意设计大赛、2022 和 2023WUPENiCity 城市设计学生作业国际竞赛、首届国产 BIM 应用百所高校邀请赛等国家级及以上高层次竞赛，获奖 50 余项。

（2）以项目促学，助力就业。

城乡规划专业积极引进校政企项目式教学，师生联合参与《新洲区旧街街道一河两岸立面及环境整治规划》的编制工作，骨干学生依据该项目的成果及课程作业，申报了江汉大学 2021 年度学生学术科技项目，并成功申报省级重点项目 1 项。城乡规划专业教师带领学生参与科研课题，让学生在实际工程中寻找解决问题的方法，这种方式的能力训练效果远优于课堂教学与模拟实践。例如，在新洲区乡级国土空间规划开展过程中，城乡规划专业累计动员师生 80 余人，下乡 300 多人次，发放调查问卷 500 余份，有效激发了学生对乡村规划事业的热情。

3. 丰富课程思政内涵

城乡规划专业将课程思政融于课程体系中，重新构建教与学的新模式，着重培养学生对城市空间、自然生态、生活生态、文化生态的科学态度，使学生能够具备严谨勤奋的工作态度、精益求精的工作作风、良好的职业道德、健全的人格品质和职业责任感。城乡规划专业教学团队根据课程教学内容的特点，结合教学目标要求，合理选择、确定课程思政元素，使之与教学环节有机融合。

（二）案例的推广应用效果

江汉大学城乡规划专业以培养应用型人才为主旨，通过校政企深度融合，开展项目式课程体系改革，使课程体系、教学模式与社会需求形成联动，让社会需求贴合课堂教学。城乡规划专业在教学中推行"六位一体"的混合式教学模式，教学团队主要运用启发引导、小组教学、问题导向、主题探究以及产教融合和社会实践等教学方法，提升学生的求知欲、互动性和主动性，实现课程的高阶性、创新性和挑战性，同时，这种教学方法的改革又能反过来推动教学内容的持续更新，使之贴合最新的创新理论与实践项目。在项目式课程体系实施过程中，我们发现知识递进和认知规律与项目开展的时序还有一定的冲突，我们将在教学中不断总结并持续改进，以便在其他地方高校复制推广，为国家规划教育体系的改革做贡献。

（撰稿人：董晶、宋浩）

大思政视域下的国防教育研究与实践

一、案例简介及主要解决的教学问题

近年来,江汉大学以习近平新时代中国特色社会主义思想为指导,深入贯彻总体国家安全观,推进学校国防教育高质量发展,激发学生爱国热情,提升学生国防素养。在大学国防教育中,课程教学是主阵地,要办好军事理论必修课,引导学生的爱国情、强国志、报国行;实践活动是多元化途径,通过培养并依靠国防教育的"精英团队",强化广大学生国家观念。

通过多年积累,学校国防教育形成三道风景线。一是对国防教育高度重视。学校制定了多项政策,投入大量人财物支持国防教育,江汉大学被评为"国防教育特色学校"。二是军事课水平高。国防教育课程获评教育部首批国家级一流本科课程,教学成果荣获湖北省教学成果奖三等奖,教师团队获得全国高校教师教学创新大赛全国赛二等奖、湖北省赛特等奖,以及学校最高教师教学奖项——本科教学校长奖。三是成果辐射广。江汉大学国防教育秉持国防教育共同体意识,教学成果广泛应用于高校、中小学、纪念活动、大型赛事、社区党员群众活动等。

国防教育成为学校为党育人的一大特色;军事教师受社会和业界认可度高,尽显教书育人的本色;学生通过接受系统完备的国防教育,传承红色基因;众多其他单位的师生选用了我校军事课资料。

江汉大学国防教育在探索和实践国防教育育人过程中,坚持问题导向意识。当下主要问题有:一是普通高等学校普遍存在的军事课专职教师少、授课对象规模大、难以进行整体高质量教学和高水平课程建设;二是相较其他板块的教学活动,国防教育第二课堂教学内容零碎、特色不鲜明。

基于上述问题,在国防教育工作中,学校按照建设优质军事课程、抓好课程教学改革、培育拳头学生团队的思路,强化学生国家观念,增强学生国防意识。

二、案例解决教学问题的方法

通过多年积累，学校国防教育形成三个特点：一是军事课水平高；二是教学成果辐射广；三是学生团队发展好。学校创建和培养的国防教育学生团队十年如一日，坚持用爱国护旗的行动宣传国家意识，多次圆满执行国际国内重大赛事活动任务。

学校以问题为导向，创建了突出国防观育人的线上线下教学资源体系，创设了骨干专职教师领跑、广大兼职教师跟跑的教师教学轨道，创建了有分工、能融合、善互动、可督学的混合教学模式，营造了参军学生受全校尊崇的国防教育浓厚氛围，创建了以学生国旗仪仗队为抓手的国防教育第二课堂。

（一）创建突出国防观育人的线上线下教学资源体系

江汉大学国防教育以骨干专职教师为核心，自建教学资源。课程经历三轮整体迭代升级，以及每年补丁升级，构建了突出国防观育人的全新资源体系，包括线上慕课、线下专题课、主题研讨课等。

该教学资源体系的建设坚持以学生为中心，不断遴选新资源，满足学生对新知识的渴求。在抗美援朝主题教学中，教师将空军执行接迎志愿军烈士遗骸回国任务的细节，作为智慧教学新资源呈现给学生，而不是以传统方式简单地教授抗美援朝历史。

该教学资源体系的建设以产出为导向，致力于让学生共鸣、共情、共成长，从而取得教学成效。在长征主题教学设计中，教师将官媒出品的微视频《红军长征口述史》等融入智慧教学，让学生倾听老红军讲述长征经历，了解革命前辈鲜为人知的辉煌事迹。

该教学资源体系仍在持续改进，紧跟强军事业发展的最新动态，引用官方权威信息更新教学资源。让学生能够实时了解新时代的强军目标、国防建设辉煌成就、武器装备的更新、安全环境建设的新情况，让学生常学常新，感受国防力量的日益强大，同时了解当前面临的最新挑战与潜在忧患。

（二）创设骨干专职教师领跑、广大兼职教师跟跑的教师教学轨道

很多高校都存在军事课专职教师少、课堂学生多的问题。要完成我校每年数千名大一学生的国防军事教学任务，仅依靠教师大班授课、讲解知识点，无法保证高质量课堂教育。因此，需要将一批兼职教师补充进来。创设好教学轨道，将粗略且单一的大讲座转变为精致且有针对性的小课堂，在这个过程中要注意以下两点。

1. 严格把握轨道宽度

骨干专职教师通过建设教师培训在线课，让兼职教师能系统备课、夯实基础。骨干专职教师与兼职教师通过相互交流、广泛听课、博采众长，不断提高专业水平，并共同参与磨课，实现教学内容精益求精。

2. 规划好轨道长度

骨干专职教师创建好课程资源，让兼职教师借鉴和参考；设计好教学活动，便于兼职教师操作。

（三）创建有分工、能融合、善互动、可督学的混合教学模式

一是线上线下教学有分工。在线上，引导学生在慕课平台学习、展开话题讨论、完成专题作业、推送小组任务，打造内容饱满的线上课堂。在线下，进

行重点专题教学，运用智慧教学工具开展主题研讨交流，教师对学生的发言进行点赞或纠偏，打造有创新、有挑战的线下课堂。

二是线上线下教学能融合。线上课程中讲授的国防重点知识，可以在线下课通过 APP "选人" "抢答"（answer）的形式拓展；线上课提供的学习资料，可以在线下课通过分屏讲解或现场演绎（dialogue）的形式巩固；线上课推送的国防主题研讨，可以在线下课通过小组交流和教师点评（debate）的形式深化。

三是线上线下教学善互动。线上课中关于中国国防、世界军事的话题讨论，能够让学生发散思维；在线下课堂中，可以运用 "头脑风暴" "书写板" "词云" 等智慧教学手段传递革命精神、军工精神，让学生抒发情感。

四是线上线下教学可督学。线上课依托 APP 督学功能的客观手段，实时督促提醒学生任务点学习；线下课采取复述、展示、交流的主观活动，及时掌握线上课学生小组任务的达成情况。

（四）营造参军学生受全校尊崇的国防教育浓厚氛围

参军报国，无上光荣。自 2013 年国家实施夏秋季兵役制度改革以来，学校大力推动大学生参军工作，坚持以问题为导向为参军学生排忧解难，营造参军光荣的浓厚氛围，让参军学生感受到沉甸甸的荣耀。

参军的学生往往会面临携笔与从戎的矛盾，针对这一问题，学校研究出台参军入伍学生学籍管理补充规定，使学生能够在参军的同时保留学籍、进行课程补修补考、接受课业辅导、进行远程答辩等。学校还创新制定了关于进一步做好大学生参军有关工作的意见，给予参军学生高额经济奖励，授予他们优秀毕业生（参军专项）的学校荣誉。

（五）创建以学生国旗仪仗队为抓手的国防教育第二课堂

学校以学生国旗仪仗队为抓手，以国旗教育作为爱国主义教育的突破口，丰富和夯实了国防教育第二课堂。学生国旗仪仗队是以爱国护旗为使命、以传扬爱国主义精神为己任的学生团队，是校园里广大师生的榜样力量。

1. 立足学校，营造夯实校园国防教育氛围

日常军事训练是学生国旗仪仗队不断进步的基石，其一年日常训练时间累计达350余小时。每年暑期，学生国旗仪仗队还会安排为期一周的高强度集训，集训的每日训练时间为7小时。高强度、高要求、高水平的训练造就了一批又一批信仰坚定、意志刚强、体质健硕的队员。在飘扬的五星红旗下，同学们能顶住烈日的炙烤，能挨住风雨的吹打。"练为战，不为看""国旗班，江大第一班！"是这个团队的口号。

在学校师生眼中，江汉大学学生国旗仪仗队是一支听党指挥、能打胜仗、作风优良的学生团队；在社会各界人士眼中，江汉大学学生国旗仪仗队是一张体现江大学子良好风貌的名片。

2. 辐射社会，面向社会传播国防教育观念

学生国旗仪仗队与学校附近的中小学、幼儿园广泛建立了实践助教机制，承担和完成了三角湖小学、新城小学、沌口小学、奥林小学等学校的小国旗手培训、升旗仪式、少先队员入队仪式等活动。

学校学生国旗仪仗队还多次出现在国际体育舞台上，如2012年的世界羽毛球锦标赛汤姆斯杯和尤伯杯、2014年的男篮亚洲杯、2015年的第21届亚洲田径锦标赛、2016年的全国花样游泳锦标赛、2017年的武汉市第十届运动会、2018年的跳水世界杯、2019年的第七届世界军人运动会、2021年的武汉市第十一届军人运动会、2023年的黄冈市第六届运动会，中央电视台体育频道、武汉电视台等都通过赛事直播记录了我校学生国旗仪仗队队员们托起五星红旗的瞬间，相关赛事组委会也给予了队员们高度评价。

2014年9月30日是我国首个法定烈士纪念日。受蔡甸区邀请，我校学生国

旗仪仗队作为礼兵参加了在玉笋山陵园楚天英烈广场举行的烈士纪念仪式。此后，我校学生国旗仪仗队每年都坚持参加该项仪式。

三、案例的创新点

通过以上工作，我们有效推动了国防教育工作的创新发展。

（一）军事课堂教学资源创新

教学资源创新是国防教育课程改革的重要内容，教学内容要符合国家要求、契合学生需要。

（二）专兼教师教学轨道创新

骨干专职教师领跑、广大兼职教师跟跑的教师教学轨道是国防教育依托综合性大学的教学资源提升教学质量的办法。这一实践不仅解决了教师建设问题，还能让广大学生在军事公共课上接触更多有针对性的优质教学内容。

（三）军事混合教学模式创新

有分工、能融合、善互动、可督学的混合教学模式是国防教育课堂教学模式创新的亮点，是当前教育教学新常态。

（四）国防教育学生培养创新

打造有灵魂、有血性、有力量的国防教育学生团队，立足校内、辐射社会，为学生埋下参军理想的种子，学生通过考核光荣入伍，是国防教育看得见的教学成果。

四、改革成效及案例的推广应用效果

我校国防教育教学的一系列改革举措，取得了较明显的推广应用成效。

（一）应用范围广

在全国慕课教育创新大会上，我校军事课教学案例获评大会"教学典型案例"，案例被刊印在慕课大会案例集的卷首。学校将课程内容开放给其他高校使用，供其他高校在军事课线上教学中完全或部分使用。学校军事教学团队还直接给相关高校开展线上教学服务。自2020年至今，在两个在线教学平台中，共有来自全国26个省市区的600多家单位、40万学生参与选课。以2023级学生为例，深圳大学有7300多人、湖北大学有5500多人整体复制本课程或将本课程作为学分课进行学习。

（二）社会评价好

我校军事教学团队应邀在全国地方高校优课联盟大会上做课程建设主旨

报告。深圳大学教务部在 2020 年、2022 年对我校军事教育线上教学做书面好评。

（三）媒体报道真

中央电视台财经频道、武汉教育电视台曾就我校军事课教学做了 10 分钟的专题新闻报道。MOOC 公众号就我校军事课智慧教学做了跟踪报道。国防教育工作培育出来的学生国旗仪仗队两次被中央电视台财经频道"厉害了 我的国"主题展播活动报道。

"我们的国防是全民国防"。学校将依托已经构架好的国防教育工作框架，调动广大师生力量，运用好已有国防教育工作建设成果，持续推进，以期取得更多高质量的国防教育成果。

（撰稿人：张晓松）

劳动教育赋能专业教育，
生命科学高质量应用型人才培养模式探索与实践

一、案例简介及主要解决的教育教学问题

"劳动教育赋能专业教育，生命科学高质量应用型人才培养模式探索与实践"示范案例，是江汉大学生命科学学院本科教育教学改革与实践成果。多年来，学院以立德树人为根本任务，以"新农科"建设为契机，针对生命科学应用型人才培养过程中因劳动教育与专业教育"两张皮"而产生的理论与实践脱节、创新能力缺乏、劳动素养缺失等问题，结合劳动教育赋能专业教育的理念，提出了一套以劳动教育为抓手的"双元驱动、四维贯通"应用型人才培养体系（见图1）。该体系以劳动教育为核心，以创新能力培养为主线，以"课程＋实践＋创新＋劳动"协同育人为路径，将劳动教育贯穿于专业教育全过程，实现了劳动教育与专业教育的深度融合，有效促进了本科人才培养质量的提升，增强了服务地方经济社会发展的能力。该示范案例为新时代高校应用型人才培养模式改革和"新农科"背景下的劳动教育实施提供了借鉴。

新时代我国高等教育正处于由规模速度型向质量效益型转变的关键时期。我校"高水平城市大学"的办学定位决定了我校的人才培养目标是为武汉市经济社会发展培养高素质应用型人才。现代生命科学的发展对人类健康和生活质量有着深远的影响，涉及生物、医学、农业等多个领域，其技术具有一定的复杂性和综合性。随着生命科学技术的不断创新和发展，社会对生命科学领域的人才需求也越来越高，这些人才需要具备扎实的专业知识，拥有出色的实践能力，具备创新精神。然而，传统的教育模式往往过于注重理论知识的传授，忽视了实践能力和劳动素质的培养，并且缺少对学生自主提升能力的引导和创新思维的培养，使得学生在面对复杂问题时难以提出有效的解决方案，无法适应社会对应用型人才的需求。以劳动教育为抓手的"双元驱动、四维贯通"应用型人才培养体系主要解决以下三方面的教育教学问题。

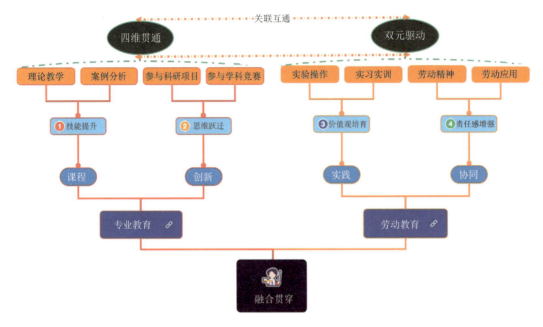

图 1 "双元驱动、四维贯通"应用型人才培养体系

1. 劳动不"动"

劳动不"动"表现为教师对劳动的理解出现偏差,没有充分发掘专业课程中的劳动要素并指导学生进行实践,导致学生缺乏劳动意识,不会从事生命科学相关的生产劳动。

2. 实践不"实"

实践不"实"表现为实践教学内容不丰富,教学方式较单一。学生在学习中以观摩为主,难以将理论知识运用到实际中,无法满足社会对应用型人才的需求。

3. 创新不"新"

创新不"新"表现为因缺乏引导和锻炼,学生对新事物的洞察力不足,创新意识不够,创新能力不强,难以适应不断变化的工作环境和社会需求。

二、案例解决教育教学问题的方法

江汉大学生命科学学院拥有生物技术、园艺、食品质量与安全三个本科专业，针对专业特色和人才培养目标，学院通过"课程＋实践＋创新＋劳动"的协同育人路径，以劳动教育赋能专业教育，在专业课程、实践基地、学科竞赛等方面融入劳动教育，实现了"劳动教育专业＋"。

（一）拓展劳动教育与专业教育相融合的课程设计新维度

1. 强化实验实践型课程设计中的劳动教育

在实验课程中，让学生参与实验准备、实验器材的清洁与保养、实验室的日常维护等环节的工作（见图 2）；在专业课程的教学中融入农耕劳作式的实践操作（见图 3）。让学生在学习专业知识的同时，在劳动实践中体验劳动的艰辛与乐趣，培养劳动意识，养成劳动习惯。

图 2　学生参与实验室日常维护

图 3　花卉学实验——学校花房

2. 推进产学研结合型课程设计中的劳动教育

学院开发设计了12门校企共建课程,通过"线上自学+课堂教学+企业实训"的教学方式,落实产学研"三位一体"协同育人模式教学。学生在完成理论知识学习后,在企业导师的实战分享及案例分析中,了解行业和产业的前沿领域及发展动态(见图4),同时,通过深入企业进行实践操作,参与生产劳动,全面提升专业实践能力(见图5)。

图 4　植物育种学现场讲解——武汉市农科院

图 5　食品工艺学现场制作蛋糕——皇冠蛋糕

3. 创新跨学科融合型课程设计中的劳动教育

学院通过整合不同学科的知识点和思维方式，形成全新的跨学科课程内容。将生命科学与艺术学相融合，发现生命之美（见图6）；将生命科学与医学相结合，参与疫情防控（见图7）；将生命科学与环境科学相融合，开展生态环境保护实践活动（见图8）。

图 6　"秋叶之美、美不胜收"美学与园艺学交叉融合

图7 "核酸我来测"生物学与医学交叉融合

图8 "世界地球日"生态环境保护——多学科交叉融合

（二）构筑劳动教育与专业教育相融合的实践教学新平台

1. 夯实创新创业实践平台

学院拥有多个省部级科研平台，以及食用菌栽培实验室、精酿啤酒发酵实验室（见图9）、食品安全快检中心（见图10）、恒温花房（见图11）等校内实践基地，为学生提供了与专业课程紧密结合的劳动实践场所，鼓励学生利用专业知识进行创新创业实践。同时，学院精心设计了一系列的劳动实践项目，如花海迷宫（见图12）、食品快检（见图13）、啤酒酿造（见图14）等，为学生提供实践机会。在项目中推动学生开展劳动实践，让学生将所学专业知识应用于实际情境，深入体验劳动过程，理解劳动价值，培养劳动技能和创新精神。

图9 精酿啤酒发酵实验室——劳动教育实践基地

图10 食品安全快检中心——劳动教育实践基地

图 11　恒温花房——劳动教育实践基地

图 12　花海迷宫——劳动实践项目

图 13　食品快检——劳动实践项目

图 14　啤酒酿造——劳动实践项目

2. 开发校企合作实践平台

经过多方考察与调研，学院优选了一批行业内有影响力的企业，并与其开展实践基地共建合作，为学生提供真实的生产环境和工作任务，让学生在参与研发项目、产品生产等过程中（见图 15、图 16），将专业知识与劳动实践相结合，培养学生的实际操作能力和解决问题的能力，使学生能够全面了解职业环境和项目运作流程，提高劳动技能，提高职业素养，增强社会责任感。

图 15　药品分装——国药集团

图 16　油菜授粉——武湖农场

3. 拓展社会服务实践平台

搭建公益活动、社区服务、乡村振兴等社会服务实践平台，使专业课程的实践环节与社会服务紧密联系，组织学生参与中华鲟增殖放流（见图 17）、社区食品营养宣讲（见图 18）、创意农田景观设计与制作（见图 19）等劳动实践活动，让学生运用专业知识开展社会服务，并在服务社会的劳动实践中培养专业兴趣，提升专业自信，增强社会责任感。

图 17　中华鲟增殖放流——公益活动

图 18　食品营养宣讲——服务社区

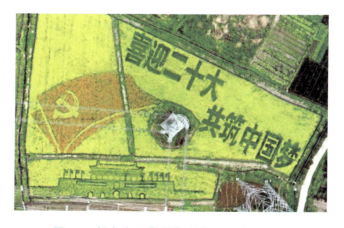

图 19　创意农田景观与制作——乡村振兴

（三）打造劳动教育与专业教育相融合的学科竞赛新范式

1. 围绕劳动教育设定竞赛主题

根据专业特点和劳动教育的目标，设定具有挑战性和实践性的竞赛主题，如校园插花花艺竞赛（见图20）、酒体设计大赛、生物学实验技能竞赛（见图21）等。这些竞赛主题的设定能够充分展示学生的专业能力和劳动技能，加强团队协作，培养创新精神。

图20　校园插花花艺竞赛

图21　湖北省大学生生物学实验技能竞赛

2. 融入劳动元素创新竞赛形式

设置与劳动技能相关的任务或挑战，采用项目式、团队式、实践式等多种竞赛形式，鼓励学生将理论知识与实践技能相结合，通过解决实际问题来展示他们的专业能力，并在完成竞赛任务的同时，体验劳动的艰辛与快乐，培养其劳动精神。

三、案例的创新点

江汉大学生命科学学院"劳动教育赋能专业教育，生命科学高质量应用型人才培养模式探索与实践"示范案例，以立德树人为根本任务，以"新农科"建设为契机，针对生命科学应用型人才培养过程中的遇到的问题和挑战，结合劳动教育赋能专业教育的理念，提出了一套以劳动教育为抓手的"双元驱动、四维贯通"应用型人才培养体系。该体系以劳动教育为核心，以创新能力培养为主线，在专业教育中融入劳动教育元素，采用多元化的教学方式，引导学生积极参与劳动实践，培养学生的劳动技能和解决问题的能力。同时，利用现代教育技术，为学生提供更加丰富的学习资源和实践机会，让学生在掌握专业知识和技能的同时，理解和体验劳动的价值。该体系将劳动教育贯穿于专业教育全过程，实现了劳动教育与专业教育的深度融合，有效促进了本科人才培养质量的提升，增强了服务地方经济社会发展的能力。该示范案例积极探索了劳动教育和专业教育结合的方式方法，并积极实践。针对不同专业的不同特点，学院拟定了各专业劳动教育和专业教育相融合的实施方案。江汉大学生命科学学院通过将劳动教育和专业教育相结合，培养学生的实践能力、创新精神和职业素养，为社会输送更多优秀的应用型人才。

四、改革成效及案例的推广应用效果

江汉大学生命科学学院以立德树人为根本任务,在"新农科"建设中积极探索劳动教育与专业教育深度融合的新模式。"春光早丨校园明媚好劳作,探索育人新篇章""知行合一,以'劳'育人""把专业课'搬'到田间地头""众生的地球,我们美丽的江大""锦绣中华,你我同行"等劳动教育与专业教育融合的实践活动被江汉大学官微以及武汉媒体平台报道。"劳动教育专业+"模式在全校推广,有效助力了学校"五育并举"工作,并形成了江大特色。通过将劳动教育和专业教育相融合,江汉大学生命科学学院成功培养了一批具有实践能力、创新精神和职业素养的优秀应用型人才。这一教学模式不仅有效促进了本科人才培养质量的提升,增强了服务地方经济社会发展的能力,也为新时代高校应用型人才培养模式改革和"新农科"背景下劳动教育实施提供了借鉴。

(撰稿人:李佳楠)

心理健康服务人才培养体系构建与实践

一、案例简介及主要解决的教学问题

（一）案例简介

"十三五"规划提出要加强国民心理健康服务。作为地方高校，江汉大学的办学定位是服务地方经济社会发展，在此基础上，教育学院心理学系将心理健康服务人才培养目标锚定为：培养能够弘扬中华民族人文精神、有扎实理论基础、能钻研科学、有过硬心理服务综合能力、有跨学科融合视野、锐意进取、不断创新的复合应用型人才，使之能够树立"生物-心理-社会"的生态健康观，对心理健康服务类工作有强烈主人翁精神。

经过数年建设，江汉大学教育学院心理学系以"满足学生个性化、动态化、多维度发展"为中心，稳步推进学科理论研究、专业服务实践，促进"产学研用"深度融合，逐步构建知行兼优教学资源体系；搭建了旨在提升专项能力与双创素质的专创兼济人才培养平台；紧跟学科前沿与行业发展趋势，优化评控兼备人才培养过程，逐步完善"知行兼优·专创兼济·评控兼备"的心理健康服务人才培养体系。

（二）主要解决的教学问题

1. 问题一

传统课程设置无法满足培养"知行合一，全面兼优"人才的发展需求，未能将思政育人、通识教育、专业教育、双创教育进行科学融合，未能抓住"培养有中华民族人文精神、扎实专业功底、有创新意识及行动力的心理健康服务人才"这一改革教学资源体系核心问题。传统课程体系的课程分布不够合理，导致课程内容衔接不紧、理论与实验/实践分开、课程间内容重叠度高；实验实训资源存在软、硬件更新不同步，实习实践基地数量有限且类型单一等；教学过程重知识讲授、轻探索研究和实践应用。传统的课程体系、实验平台、实践基地、教学活动等综合教学资源更多地停留在"知"的层面，难以满足学生"知行合一，全面兼优"的发展需求，同时，学生自主学习的内在驱动不足，不利于终身学习发展模式的形成。

2. 问题二

传统的纵向专业教育无法满足培养具有"专业技能＋创意创新"叠加能力人才的需求。传统专业教育聚焦对专业基础理论的深入探索，以及技能的专项应用，注重心理学科学内容的系统性和完整性，是典型的"干一行，爱一行；爱一行，专一行"的价值观，根据这一思路培养的专业人才，"专""深"性很强，但实践和创新能力不足。传统专业教育观点认为创意创新创业教育应该由学校工程训练中心负责，并作为第二课堂展开，与专业课程教学分开执行，这进一步导致培养的专业人才"创""广"性不足。此外，当今社会与行业发展越来越多地要求专业人才同时具备"跨界"思维和"融合"能力，相应的传统专业教育模式也明晰了改革的目标——解决专业能力与双创素质"两张皮"问题。

3. 问题三

相对封闭的校内课堂育人模式无法满足新型企业对人才的需求。传统的"应用心理学专业人才培养"主要对标"中小学生心理健康教师胜任力培养"，使得人才培养评价指标和过程调控同时受到限制。然而，在"社会心理服务"行业领域中，中小学生心理健康教育工作只是其中一种，它还包括服务社区、家庭及个体的心理测评、心理咨询、心理辅导、服务企业的管理咨询、员工心理健康服务等。当行业单位对人才培养的参与度不足时，人才培养评价体系的综合性、复合性也受到限制，导致人才培养体系与行业人才需求脱节。

二、案例解决教学问题的方法

（一）聚焦"知行合一，全面兼优"发展目标

学院构建了价值引领、内容聚合、研用多样的教学资源体系（见图1），包括课程体系、实验平台、实践基地、企业委托项目。（校内）教师、（校外）指导教师、外聘行业专家共同组成"软实力与硬条件具备、内容与平台俱全"的整体。

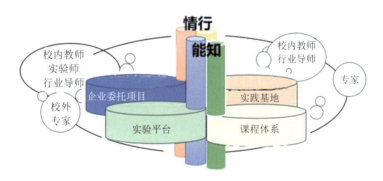

图 1　构建价值引领、内容聚合、研用多样的教学资源体系

面向全校新生开设的"大学生心理健康教育"通识课，以提升本校学生心理健康素养为目标，心理学系联合本校心理健康中心组建了"心理学专业教师＋心理健康服务专职教师＋实验师＋辅导员"的综合师资队伍，开发了"心理健康专业知识＋心理素养提升活动＋心理科普媒体资源"的复合育人模式，搭建了"线上理论学习＋线下活动实践＋课外素质拓展"的全域发展平台，推动了"全过程心理健康测评＋个性化心理服务"的全过程心理健康服务，从而达成育人目标。

教学资源建设的实施分两方面。课程教学师资方面，每门课程由一个教学组（2～15人，包括行业专家或校外导师）承担，课程教学由主讲教师及教学组成员分担执行。课程体系结构方面，以专业核心课为中心，相关课程按内容联系度以聚类原则组合课程群，形成"花束式"课程体系，将思政课、通识课、

专业基础课、专业选修课、实验课、实践课、研习课、创新创业课进行合理搭配，形成价值引领、内容聚合、研用多样的教学资源体系。

第一，以价值引领为先，建设中国特色心理健康服务体系。坚持将中华民族传统伦理观"仁、义、礼、智、信"与心理健康服务伦理结合，将中华优秀文化和健康智慧贯穿于为全校师生提供心理健康教育课的过程中。在专业课的案例教学过程中，诠释创新时代心理健康服务人才素质模型——"中国HEART（心）"，即有仁爱之心（humanity），有同理心（empathy），有觉察力（awareness），坚持实事求是原则（realistic），善思考（thinking）。

第二，以实现人才培养目标为动力，促进资源与内容聚合。依据"知、能、情、行"学生认知水平和心理发展规律，将心理健康服务知识的广泛应用和创新应用作为课程体系构建的驱动力。课程体系覆盖全校范围，包括面向全校师生的通识课、公共选修课，以及面向本专业学生的专业理论课、实验课、实践课等。例如，校级通识课首批国家级一流课程"大学生心理健康教育"除完成本校学生心理健康教育外，还为本校学生心理健康提供保障，并联合本校心理健康教育中心连续10年为学生开展心理健康水平追踪测评，测评结果被提炼成教学内容并成为心理健康教育课程的教学重点。再如，依据与心理健康教育类课程（如心理咨询、团体辅导等课程）内容的相关性、课程类型的连续性，学校与心理学系实验室、本校心理健康教育中心合作，在教学环境、教学安排方面实现了"理论-实验-实践"教学资源链的有机结合，从而使学生达成"知、能、情、行"合一。

第三，按学生个性发展需求组建研究/应用复合型教师资源体系。当下，学生个性化发展需求多样，第二课堂的创设为学生发展提供了教学环境和教学资源支持。第二课堂的导师按能力、专长组成不同类型的导师团，每个导师团有2~15人，有本专业、跨专业、跨学院、跨校、校企联合教师等多种组合，形成研究/应用复合型教师资源体系。复合型教师资源体系能在指导学生发展过程中实现优势互补，保障学生在完成科研过程中提升科研素养，在备赛中提升专业专项能力和创新意识，在社会实践服务中树立志愿精神。

（二）满足人才培养的"创意创新 + 专业技能"叠加需求

创新项目驱动、研用协同、师生共创的培养模式（见图 2）解决了专创"两张皮"的问题（"两张皮"即擅长专项发展的学生没有方向，不知道如何创新；有丰富创意的学生光有想法而不落地）。其中，创新项目驱动解决"没方向""不落地"问题；研用协同解决"科研成果"向"服务社会"转化割裂问题；师生共创解决教师学生各自发展耦合度不高、发展效率低的问题。

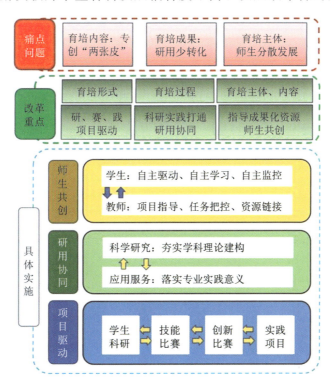

图 2　创新项目驱动、研用协同、师生共创的培养模式

例如，心理学系联合本校心理健康教育中心组实施"心理剧打造计划"，分别以"生命教育""爱情""老年人关爱""人际交往"等为主题打造精品心理剧。在心理剧打造过程中，学生的心理专业素养得到提升，创新意识和能力得到充分发展。学生的多部心理剧作品获得多项省、市级荣誉，被多家媒体报道，提升了他们的专业自信与效能感，强化了心理健康服务职业价值观。

第一，项目驱动，创新有目标，行动有内容。学院将第二课堂内容分为学生科研类、基本技能比赛类、创新技能比赛类、复合型创新比赛类、社会实践类。学生可以根据自身发展需求和对导师个人风格的喜好选择导师团，导师团可以为学生拟定三种项目类型（社会实践类除外）：导师命题、学生与导师共创命题、学生团队自主命题。在项目实施过程中，导师会进行全程辅导（根据学生水平，辅导和支持的程度不同）。

第二，研用协同，理论研究与社会服务并重。第二课堂社会实践育人的主要内容为：导师（团）分别带领学生（团）在企事业单位委托项目中完成横向科研、调研、心理健康服务实践等。比如，在武汉经济技术开发区人民检察院的横向项目中，导师团分批分次带领学生为社区内未成年犯开展心理评估、心理辅导服务。学生学会在社会实践中思考问题，并设计科研项目。研用协同育人模式有助于学生树立心理健康服务意识，构建自主学习模式。

第三，师生共创，教学相长，激发教育新能量。学院充分发挥学生主体、教师主导作用，在教学过程中坚持"教师引领学生，学生激发教师"的原则，师生充分发挥"传帮带"作用：教师组队带学生、老生带新生；教师组团建课程、做科研，并将科研内容转化为指导学生的教学资源；教师将科研结果转化为社会服务项目和内容，并用社会服务经历反哺教学，真正实现教学相长，双向激发教育能量。

（三）引进企业加入育人链，提升育人生态效度、优化育人效果、建构动态育人链

学院通过引进企业加入育人链，解决了传统高校教育的校与校之间、校与行业之间互通不足问题；解决了传统学校育人与行业需求发展各自为营问题；解决了校园内—校园外单线单向输出问题。学院统筹高校、企事业单位（心理健康服务岗位）、校友等多种主体，围绕人才培养目标，从教学资源和评价标准两处着手，搭建了校企合作模式，达成协同育人机制（图3），提升了心理学专业人才培养的生态效度。

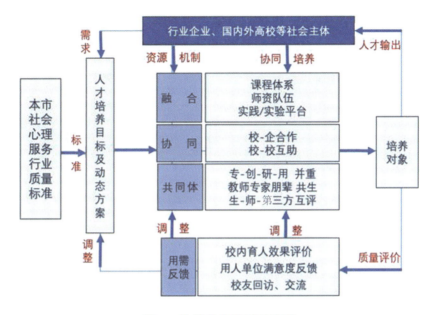

图 3 协同育人机制示意图

第一,在校内设立心理健康服务实践基地,优化育人效果。学院联合本校心理健康教育中心建设校内实践基地,专业学生在心理健康教育中心专职教师组织和心理学系专任教师指导下,为全校新生提供心理测评服务及心理访谈筛查工作。为需要个性化心理健康服务的学生安排预约及回访。专业学生在"服务身边人"的实际心理健康服务工作中,为本校学生开展心理健康服务"亲、真、实"、提升自身专业能力与素养"准、直、快"。

第二,将心理健康服务企业引入育人链,提升育人生态效度。学院分别通过访企拓岗、建设实践基地、聘请校外专家、鼓励立项校企共建课程等多种方式将行业专家引入育人链,聘请行业专家参与人才培养目标拟定和课程教学内容设计,从市场对人才需求的角度,保障育人效果的生态效度。

第三,从校园走出去,从企业返回来,反哺学弟学妹。利用榜样的观察、模仿、学习效应,将毕业生请回校园分享工作经历和经验。请已经毕业且正在从事心理健康服务工作的学长学姐(或者毕业后继续在本专业深造的学长学姐)从自身工作经历和行业发展需求的角度,以及学科前沿发展动态、趋势的角度,向学弟学妹们阐释学习的重要性,激发其学习动力,端正其学习态度,使其形成终身学习的习惯。同时，已毕业的校友们作为"创新教学资源体系"中的一部分，可以链接母校与企业，协助搭建动态发展教学资源链。学院秉持"一日为师，终身学习"的信念，为每一位学生的终身发展负责。

三、案例的创新点

（一）保障知行兼优教学资源体系

学院在社会主义核心价值观的引领下，坚定中国特色心理健康服务人才培养路线，将培养"知、能、情、行"合一的学生的理念贯穿课程组群，按需求、按能力、分层次、分类别聚合师生资源，构建了以"中国 HEART（心）"为核心的课程群＋实验/实践平台＋师资队伍的教学资源体系。

（二）创新专创兼济人才培养模式

以创新项目驱动、研用协同和师生共创的培养模式，面向应用心理专业学生实现第一课堂、第二课堂、线上、线下、师生、生生多等元互动；实现科研与社会服务相互转化、创赛项目与创业内容相互转化，推进专创融合，实现创新复合型人才培养目标。

（三）优化评控兼备动态育人闭环

多方式、多渠道搭建校企合作协同育人模式。校企共同拟定育人目标、评价标准，共同参与人才评价过程，为育人过程和评价标准的制定提供市场化视角，为提升心理学专业人才培养的生态效度提供保障。

四、改革成效及案例的推广应用效果

（一）学生"中国 HEART（心）"价值观塑造

将中华民族传统伦理"仁、义、礼、智、信"融入专业素养培养过程，学生们在"尊老""爱幼"系列社会实践活动，以及中、青年志愿活动中表现出良好的专业素养。应用心理专业学生每学期的人均志愿服务时长超过 40 小时，主要参与的活动类型包括为本校学生开展团体心理辅导、心理委员培训、组织举办心理健康知识大赛、校园心理剧大赛、对社区儿童开展暑期心理辅导、走访敬老院老人、对社区老人开展防诈宣传、对洪山区某小学开展团体心理辅导、对未成年犯进行心理测评等。

（二）学生专、研、创能力提升

学院依托教学资源体系、创新育人模式和生态评控过程，使学生的科研能力、社会实践能力、专项技能比赛成绩、创新技能比赛成绩、创新创业比赛成绩均得到大幅度提升。学院学生共获国家级、省级奖项近 50 项，发表 SSCI 等高质量论文 10 余篇。心理学系学生与其他学院学生组建学生团队，打造的精品心理剧《青春的使命》《我的船长》《山楂树之恋》《醒醒吧，妈妈》分别聚焦"生命教育""人际交往""爱情""老年人关爱"等主题，获得中国校园戏剧节"优秀剧目奖"、湖北省大学生艺术节一等奖等多项荣誉，被多家媒体报道。

（三）行业单位用人需求、满意度提升

相关行业的用人单位对我院毕业生能力、素质给予高度认可。2004 年至

今,我院培养的毕业生很多已经成为企业主管或者中坚力量,其中有市级优秀心理健康教师,有创业公司创始人,有世界 500 强公司人事主管。很多毕业生依然保持初心与学校老师保持联系,甚至回母校招聘员工,反哺学校;还有一些毕业生被聘为院级校外导师,以行业专家的身份为学弟学妹带来最新行业发展信息,为应用心理专业人才培养生态圈建设添砖加瓦。

(撰稿人:许磊)